Carlos Cuauhtémoc Sánchez

SI QUIERES CASARTE CON MI HIJA

debemos hablar

**tengo que hacerte
12 preguntas**

 DIAMANTE

ISBN 978-607-7627-68-5

Mariano Escobedo No. 62, Col. Centro, Tlalnepantla, Estado de México, C.P. 54000, Ciudad de México. Miembro núm. 2778 de la Cámara Nacional de la Industria Editorial Mexicana.
Tels. y fax: (55) 5565-6120 y 5565-0333 Lada sin costo: 01-800-888-9300.
EU a México: (011-5255) 5565-6120 y 5565-0333.
Resto del mundo: (+52-55) 5565-6120 y 5565-0333

Escríbenos: informes@esdiamante.com ventas@esdiamante.com
Para escribirle al autor: privado@carloscuauhtemoc.com
Diseño gráfico: LDG Leticia Domínguez C.
Ilustraciones: LDG Miguel Morett Soto

www.carloscuauhtemoc.com
www.editorialdiamante.com

facebook.com/GrupoEditorialDiamante
facebook.com/carloscuauhtemocs youtube.com/gpoeditorial
twitter.com/ccsoficial twitter.com/editdiamante

IMPRESO EN MÉXICO / PRINTED IN MEXICO
Este libro se imprimió en abril de 2015 en
los talleres de Litográfica Ingramex, S.A. de C.V.
Centeno 162-1, Col. Granjas Esmeralda, México D.F. C.P. 09810
ESD 01-68-5-M-20-04-15

QUERIDO AMIGO:

YO TENGO UNA BALA EN EL PECHO.

A medio centímetro del corazón.

El sujeto que me disparó a bocajarro escondía un arma de bajo calibre; casi muero. Se me colapsó el pulmón. Siempre llevaré el proyectil conmigo; insertado, encapsulado; no se puede extraer. Los médicos dijeron que mi cuerpo lo aceptaría como huésped inocuo. Tanto que me olvidaría de él. Y así ha sido. Durante varios meses. Pero últimamente ha comenzado a producirme punzadas recordatorias de mi vulnerabilidad. Es entonces cuando tiendo a hablar más claro. Y la gente se incomoda. Espero que tú no.

Amigo, la vida pasa muy rápido. Y es frágil. No podemos desperdiciar tiempo andando por las ramas.

He decidido escribirte una carta muy especial, *de hombre a hombre*, pero como amigos. Ahora que la relación entre tú y mi hija se ha vuelto más seria, necesitamos abordar ciertos temas. Te expondré mis pensamientos con total transparencia; como el jugador de naipes que baja sus cartas y muestra la mano que tenía. Soy aficionado al dibujo y tal vez acompañe algunas ideas con ilustraciones en tinta. Después de que leas esta carta, me gustaría que nos reuniéramos para charlar a solas.

MEJOR ANTES QUE DESPUÉS.

No pretendo confrontarte, hacerte advertencias o juzgarte. Al contrario; de entrada quiero decirte que te aprecio y respeto. Por una razón muy simple: mi hija te eligió. Ella ha esperado durante años a una persona especial, de modo que si se ha fijado en ti y te considera un buen hombre, es porque debes de serlo. No voy a poner en tela de juicio tu calidad humana; sólo voy a plantear algunos temas importantes de conversación.

CREO QUE TÚ Y YO SOMOS PARECIDOS.

EXISTEN DOS TIPOS DE HOMBRES.

Sé que cuando nos referimos a personas no podemos hacer una clasificación tajante ni dicotomías absolutas tipo blanco y negro, pues hay muchos tonos de gris y todos tenemos diversas etapas de fortaleza y debilidad —a veces estamos más de un lado del espectro y en ocasiones nos movemos al otro extremo—, pero en términos ilustrativos me gusta entenderlo así:

Existen dos tipos de varones.

LOS HOMBRES—HOMBRES.

> Esos cuya palabra vale: honestos, valientes, vigorosos, seguros, sensibles, enfocados en sus prioridades, coherentes, íntegros; fuente de ayuda e inspiración para otros; negociadores inteligentes; capaces de luchar por su princesa y conquistarla día a día.

LOS HOMBRECITOS.

> Esos que dicen una cosa y hacen otra; mentirosos, cobardes, lloricas, inseguros, egoístas, agresivos; evasores de problemas; acostumbrados a echarle la culpa a su mujer —a quien no saben proteger ni conquistar—, de todo lo malo que pasa en sus vidas.

POR SUPUESTO, CONSIDERO QUE SOMOS DEL PRIMER TIPO.

Y los **HOMBRES**-**HOMBRES** se ponen de acuerdo.

Muchas veces ocurre que los socios de un proyecto quieren hacer aclaraciones fundamentales cuando las cosas están avanzadas y es demasiado tarde para desandar el camino. Ésa es la razón por la que ocurren tantas fracturas entre gente buena.

Como socios, hablemos sobre nuestras preocupaciones, expectativas, roles y estrategias en ese importantísimo proyecto común: la felicidad de la mujer a quien los dos adoramos: mi hija, y *tal vez*, tu futura esposa…

Sé que esta iniciativa de mi parte puede parecer intrusiva y hasta anticuada. ¿Qué tengo que ver yo en el tema del romance de mi hija (una persona adulta) con otra persona adulta (tú)? ¿No acaso el amor de pareja concierne sólo a la pareja? ¿No se supone que las reglas de sentido común obligan a los familiares políticos (sobre todo, suegros) a mantenerse al margen de las relaciones amorosas de sus hijos para beneficio de las mismas relaciones?

Yo entiendo esos paradigmas y coincido con buena parte de ellos; no te preocupes. Sé que en el futuro, estaré obligado a **callarme y alejarme para que mi hija y tú arreglen sus asuntos SOLOS**. Sé que deberán aprender, madurar y crecer como pareja sin la intervención o supervisión más que de ustedes mismos y de sus propias conciencias.

PERO ESE MOMENTO NO HA LLEGADO TODAVÍA.

Éste es el momento en el que tú y yo tenemos que hablar claro.

Desde hace años he pensado en escribir esta carta. No sabía quién sería el destinatario. Tampoco quería anticiparme a los hechos hasta conocerlo. Pero el tema me robó la paz muchas noches y fue motivo para mí de innumerables insomnios.

En mis duermevelas, entre amargas y emotivas, he imaginado la siguiente escena:

Un hombre joven, vestido de traje oscuro y peinado con esmero, está de pie, ante el altar, mirando hacia el pórtico de la iglesia. Mucha gente ataviada con elegancia observa expectante. Algunos asoman sus cámaras para fotografiar el pasillo. Se escucha música solemne. Comienzo a caminar despacio, apretando los dientes para evitar que el nudo en la garganta me haga mostrar un gesto contrariado. Tomada de mi brazo camina mi hija. Avanzamos juntos para hacer algo que sólo pensarlo me estremece: **ENTREGARLA**.

¡ENTREGARLA!

En algunas ceremonias, el culto establecido obliga al ministro a formular una pregunta más aclaratoria y (si se me permite el adjetivo) hasta *incisiva*. Para que no quede duda alguna, en frente de todos los congregantes, de pie, la máxima autoridad pregunta:

—¿QUIÉN ENTREGA A ESTA MUJER?

Entonces el papá de la novia contesta:

—Yo, su padre —dice su nombre completo, y a veces agrega—: junto con su madre.

El ministro sienta a la gente y se escucha un canto.

Entre sonrisas y fotos, en una escena pública que pretende ser romántica, pero en realidad es cruel, al padre *le es arrancada* una parte de su corazón.

¿Estoy exagerando? No lo creas. Lo entenderás cuando tengas una hija.

HABLANDO EN PLATA:

El más grande tesoro de mi vida es esa princesa.

Voy a decírtelo en términos que cualquier **HOMBRE-HOMBRE**, dispuesto a abrirse paso en el mundo financiero, puede comprender:

Tú sabes lo que es invertir tiempo, trabajo y dinero en un negocio o en una obra creativa. Lo has hecho. Mientras más de ti has dado en un proyecto, más lo amas. Por ejemplo, cuando has invertido todo lo que tienes en la casa donde vives, no querrás venderla; pero si necesitaras hacerlo, nunca nadie podría pagarte lo suficiente por ella; la casa en la que has depositado una parte invaluable de ti no tiene precio.

A LAS PERSONAS TAMBIÉN SE LES INVIERTE, POR DECIRLO ASÍ.

Desde que nació mi princesa, he invertido en ella todo mi capital emocional, afectivo, intelectual, económico y espiritual. Trabajando para ella, pensando en ella, comportándome con dignidad para honrarla y generando recursos para tener algo mejor que darle; soñando con su futuro, desarrollando estrategias y tomando acciones con el fin de ayudarla a ser más feliz.

Nada de lo que he logrado en la vida vale tanto ni es tan importante como mi hija.

Dejando eso en claro, entenderás por qué desde hace años he soñado (a veces como pesadilla) en el día que alguien (un perfecto desconocido) llegue a pedirme que *se la dé*. Y peor aún, en el día en que camine con ella por el pasillo adornado para *dársela*…

No estoy sugiriendo que ella sea "un objeto sin voluntad susceptible de ser dado o recibido en posesión". ¡De ninguna manera! Mi hija es una persona autónoma, independiente; se casará con quien ella elija *bajo total libertad*. Yo no soy nadie para pretenderme su dueño. En **TÉRMINOS REALES** no voy a "dártela". Si ella *se da a ti*, lo hará porque quiera hacerlo. Pero en **TÉRMINOS SIMBÓLICOS** de protección y cuidado directo, *sí*. Yo te la entrego con la condición de que sepas valorarla, de que la ames de verdad...

¡Y nunca en mi vida he usado el verbo amar con más amplitud y fuerza!

PORQUE SI ALGO SÉ DEL AMOR, ME LO HA ENSEÑADO ELLA.

Cuando me balearon y estuve a punto de morir, no se separó de mi lado ni de día ni de noche. Yo luchaba por superar los efectos de una reciente hemorragia interna y por entender lo que no tenía explicación. Junto a la cama del hospital, vi entre nubes el rostro de mi princesa, dulce y cariñoso, bañado en lágrimas, pero siempre animándome.

Días antes, manejaba despreocupadamente por la avenida que conduce a mi casa. Había oscurecido. Las lámparas urbanas alumbraban la calle con un haz amarillento; había poco tráfico. En un crucero frente al semáforo en rojo, observé con asombro a tres sujetos persiguiendo a un joven que acababa de atravesar la avenida corriendo y saltando como liebre por el camellón. Vi que lo alcanzaron para derribarlo frente a mi auto. Ya en el suelo, comenzaron a golpearlo. Primero toqué el claxon tratando de evitar que lo molieran a patadas. Luego me bajé del coche. La escena era grotesca, inadmisible. ¿Cómo podían esos tipos arremeter con tal furia para lastimar a un joven endeble que parecía tan indefenso? ¿Y por qué? Si el muchacho había cometido algún ilícito bastaba con detenerlo y llevarlo a la policía. No era necesario golpearlo de esa forma.

Me acerqué y grité que dejaran al jovencito en paz. Puse mi mano en la espalda del maleante más sanguinario para tratar de calmarlo, pero se dio la vuelta y me disparó. Jamás vi el arma escondida en su chaqueta. Tampoco anticipé su movimiento. Todo ocurrió muy rápido. Al momento del estallido sentí que mis costillas se fracturaban como si hubiesen sido embestidas con una barra de hierro. Caí al suelo sin poder respirar. Ahí recibí otro balazo en el abdomen. Mi pulmón izquierdo se colapsó y el orificio en el bajo vientre comenzó a drenar la sangre del torrente circulatorio.

¿Por qué ocurrió eso? Estuve en el lugar equivocado con las personas incorrectas en el momento inadecuado. Pero aun lo más extraño del ayer suele tener una lógica y un propósito que sólo entendemos a largo plazo. Quién sabe; tal vez de no haber pasado yo por ahí, tú habrías muerto ¡y mi hija no estaría pensando en casarse contigo!

Porque el muchacho a quien esos tipos estaban golpeando *eras tú*.

Cuando los delincuentes huyeron, la víctima original se convirtió en rescatador y el rescatador se volvió víctima. Te moviste rápido. Conseguiste los primeros auxilios que me salvaron. ¡Y permaneciste cerca durante el tiempo que estuve en terapia intensiva! Ahí conociste a mi hija. La viste llorando de rodillas junto a mi cama, tomándome de la mano y suplicándome que me esforzara por vivir.

También te encontraste con mi esposa. Enfrentaste a las autoridades, hiciste declaraciones y diste la cara con valor; pudiendo evitarte problemas, permaneciste presente, atento a mi recuperación. Pensé que tu presencia estaba motivada por un sentimiento de gratitud, pero hoy entiendo que había otras razones: el flechazo de Cupido; los primeros indicios de cariño hacia una mujer cuyo amor, por otro lado, ha motivado a su padre a vivir y a mantenerse en pie la mitad de su existencia.

Interesante convergencia.

¿QUIÉN ENTREGA A ESA MUJER?

—Yo, su padre...

(Mmmh).

Hace tiempo que había olvidado la bala albergada en mi pulmón. No me había causado el más mínimo dolor. Pero esta semana ha comenzado a punzarme: desde que te paraste en mi oficina para decirme que amas a mi princesa y que tienes "intenciones serias" con ella.

¡Intenciones serias! Eso dijiste. Simple y llano. Sentí una leve punzada como discreto alfilerazo en el tórax y te prometí que hablaríamos después.

Como en mi cabeza hay un hervidero de ideas, antes de que charlemos quise escribirte esta carta.

Existen ciertos temas que quiero discutir contigo. Hice la lista. Son doce. Doce conceptos para poner sobre la mesa. **DOCE PREGUNTAS CRUCIALES** que todo **HOMBRE-HOMBRE** deberá formularse alguna vez en la vida *y que yo te voy a hacer*. También te daré mis propias reflexiones al respecto; después quiero que nos reunamos a solas y *me des tus impresiones*. Te voy a escuchar, pero primero voy a hablarte. Y tú me vas a escuchar. Me lo debes.

¿COMENZAMOS?

¿SERÁS CAPAZ DE APOSTAR TODO POR ELLA?

HACE VARIOS MESES SUPE QUE MI HIJA TENÍA UN ROMANCE CONTIGO.

Creí que se trataba de algo sin mucha importancia, o al menos prematuro. Hoy veo que no. Ayer platiqué con ella cariñosamente y pude

---

detectar en su mirada un brillo de ilusión; está enamorada de ti, pero también tiene miedo. Aunque cree que eres el hombre de su vida, te ha notado inseguro y temeroso respecto a la ruta hacia la que vas a dirigirte.

HAY UNA ANALOGÍA MUY POPULAR.

Explica la diferencia entre estar *comprometido* y estar *involucrado*. Seguramente la conoces; pero te la recuerdo:

> Un cerdo y una gallina platicaban en el traspatio de la cocina. La gallina, muy oronda, presumía:
>
> —Hoy, los dueños de la casa van a desayunarse huevos con jamón. De ninguna manera podrían comer ese manjar si no fuera por mí. Soy imprescindible, ¿no te parece, amigo?
>
> El cerdo, contestó:
>
> —Tu aportación es muy pobre, gallinita, porque esta mañana sólo vas a dar los huevos. Yo, en cambio, para que ellos tengan jamón, voy a dar la vida.

De eso quiero que charlemos, para empezar: ¿darás la vida por lo que amas o sólo pondrás los huevos? (En el buen sentido... y en el malo también).

VOY A HABLARTE UN POCO DE TU NOVIA.

La conozco mejor. Ella siempre ha sido soñadora. Le gustan las aventuras osadas.

Hace muchos años (era una niña con caireles) la vi jugando con avioncitos que sobrevolaban su habitación. Hizo que se lanzaran al vacío, en paracaídas, una Barbie y un Ken mientras el avión se estrellaba y la pareja de enamorados caían en una tierra extraña e inhóspita.

Aunque hoy la veas realizada, en el fondo sigue anhelando hallar al príncipe que la conquiste y con quien pueda lanzarse al vacío para emprender una aventura arriesgada y apasionante a su lado.

A eso me refiero con *apostarlo todo*.

La diferencia entre casarse y simplemente vivir juntos es una cuestión de **ACTITUD, TAMAÑO DE APUESTA Y NIVEL DE COMPROMISO**.

CUANDO UN hombre–HOMBRE PIDE MATRIMONIO...

TÁCITAMENTE LE DICE A LA MUJER: "Estoy dispuesto a todo por ti, vales la pena, me juego la vida entera con tal de estar a tu lado; quiero que crezcamos juntos, y lloremos juntos en los momentos difíciles y riamos en la prosperidad; quiero protegerte, cuidarte y darte lo mejor; imagino formar contigo una familia hermosa (¡claro que se puede!, ¿por qué no?), quizá con hijos a quienes cuidaré y guiaré ayudado por la compañera y complemento de mi vida".

CUANDO UN hombrecito LE PIDE QUE VIVAN JUNTOS...

LE DA ESTE MENSAJE: "Me reservo el derecho de arrepentirme sin dar explicaciones a nadie de nuestro posible fracaso, porque no estoy seguro de ti, ni de tu calidad como persona a largo plazo, ni de que me llenes lo suficiente; de modo que esto es una prueba (yo te voy a probar y tú a mí), serás mi mujer en exclusiva, me servirás y me darás tu cuerpo sin condiciones todas las noches (claro que tú también tendrás el privilegio de disfrutar el mío); si con el tiempo nos damos cuenta de que no pasamos la prueba, tú te vas por tu lado y yo por el mío sin que se te vaya a ocurrir exigirme derecho alguno".

Con frecuencia las mujeres ACEPTAN y hasta PREFIEREN la unión libre, avalada por sus padres, no porque sea lo ideal para ellas, ni porque tal propuesta represente de forma remota su sueño de amor, sino porque ven al galán tan *timorato, pusilánime y miedoso,* que ellas mismas acaban dudando de lo que van a hacer...

¿SE VALE DUDAR? ¡CLARO!

¿Quién quiere casarse con un gallina?

¿Y quién quiere que su hija lo haga?

> El matrimonio no es para cobardes ni para *hombrecitos*. Sino para HOMBRES-HOMBRES: individuos preparados, valerosos y decididos a progresar, que se atreven a entregarse (con todos los riesgos que eso conlleva) a un nuevo horizonte de posibilidades infinitas.

Sí, es un paso importante que no debe darse a la ligera, pero *cuando se cumplen ciertos principios básicos* y se está dispuesto a hacer lo correspondiente por cuidar el proyecto con *seriedad*, es posible crecer en él y ser (ambos) profundamente felices.

ES CIERTO QUE MUCHOS NO SE CASAN PORQUE QUIEREN EVITAR UN DIVORCIO.

> En el divorcio, la autoestima se fractura, los sentimientos se laceran, la mente queda devastada (ante la evidencia de haber fracasado en el proyecto personal más importante) y la voluntad se debilita para tomar acción en futuras relaciones. Por eso muchos varones optan por pedirle a su novia vivir un *periodo de prueba,* en unión libre. De esa forma creen que si se separan sería menos traumático. Pero están equivocados. El divorcio duele, no porque se haya firmado un papel ante la sociedad, sino porque romper

con una pareja con quien se vivieron relaciones de máxima intimidad afectiva y sexual, produce quebranto del alma: se pierde la confianza en el prójimo, en el amor, en la lealtad, y en uno mismo; se genera una sensación de haber desperdiciado parte de la vida (salud, dinero, dignidad, tiempo)... Y ese dolor les sobreviene igual, tanto a los que se unieron por todas las leyes como a los que se ligaron por un tiempo de prueba. De modo que si vamos a unirnos en pareja, es mejor apostar a ganarlo todo, que invertir a medias y de cualquier manera arriesgarlo todo.

YO ME CASÉ MUY JOVEN.

Poco antes, recibí comentarios encontrados. La mayoría de mis amigos me aconsejaban: "No te eches la soga al cuello, vive tu vida antes de casarte, conoce el mundo, viaja; disfruta primero". Pero estaba tan enamorado y convencido de haber encontrado a mi mujer, que les contesté: "Quiero vivir mi vida, con ella; conoceré el mundo, viajaré, y disfrutaré a lado de ella". Algunos insistían: "¿Con qué dinero? No tienes los ahorros suficientes". Y yo contestaba: "Ambos somos profesionistas, tenemos trabajo y proyectos, podemos generar dinero, y lo haremos mejor si unimos nuestras fuerzas".

¿MI REINA Y YO CONTÁBAMOS CON LAS CONDICIONES "PERFECTAS" PARA CASARNOS?

¡Por supuesto que no! Pero estábamos decididos a trabajar por construir nuestro imperio. Aunque sabíamos que iba a ser muy difícil, el amor nos daba fuerzas y seguridad.

¡Cuántos *hombrecitos* ponen como excusa el asunto económico para alargar sus noviazgos por años! Hacen esperar meses y más meses a sus novias con la excusa de que no cuentan con lo suficiente para darles "las comodidades que merecen"; dicen que la situación es cada vez más difícil y que están ahorrando; dicen que necesitan poner (o consolidar o remodelar) un negocio, o lograr un ascenso en su empleo o cambiarse de trabajo para estar en mejor posición de mantener su hogar; dicen que quieren terminar su maestría o doctorado o curso de inglés antes de dar un paso tan importante.

CON TODO RESPETO, ¿A QUIÉN QUIEREN TOMARLE EL PELO?

Poner como excusa el tema del dinero o cualquier otro para ALARGAR POR AÑOS un noviazgo es una *actitud cobarde*. TAMBIÉN PROMISCUA.

VAMOS A PONER LOS PUNTOS SOBRE LAS ÍES.

De manera natural el DESEO SEXUAL de todo solterón *que tenga dos testículos,* será tan fuerte que él necesitará satisfacerse con prostitutas, masturbándose o buscando relaciones rápidas, tal vez con su misma novia, mientras APARENTA ser el "casto muchachito en espera de ahorrar lo suficiente para dar un paso formal".

Los solterones que pululan por el mundo creen que la gente "se chupa el dedo" y que nadie se da cuenta de su sordidez.

ENTENDAMOS QUÉ ES TENER *INTENCIONES SERIAS*.

El hombre completo se casa, y no le hace perder el tiempo a la mujer. *Si va EN SERIO*, lo manifiesta. *SI NO*, la deja libre para que ella tenga la oportunidad de conocer a otras personas menos timoratas.

Así que, una pregunta elemental, antes de comenzar a charlar sobre lo que sería tu vida al frente de un hogar, es ésta:

¿SERÁS CAPAZ DE APOSTAR TODO POR ELLA?

¿Tendrás valor para asumir el compromiso?

¿No le harás perder el tiempo?

¿También anhelas formar una familia?

¿Estás dispuesto a ponerte el paracaídas y abandonar tu cómodo avión para arrojarte al vacío tomado de la mano de ella, sabiendo que la caída libre y el paisaje de los primeros instantes serán maravillosos e inolvidables, pero que llegarán juntos a colonizar una tierra virgen en la que ambos tendrán que trabajar en equipo y crear un imperio *donde no había nada*?

Si eres valiente, no vienes a robarle el tiempo, y estás dispuesto a apostar lo que eres y lo que tienes por forjar un proyecto de vida a su lado, sigue leyendo. De otra manera, ahórrate el trabajo. Tampoco tú pierdas el tiempo.

En otras palabras, sé honesto: conócela (tiene muchas virtudes, pero también defectos); haz que ella te conozca y cuando los dos estén conscientes de que se aman, no sólo por sus fortalezas sino también *a pesar* de sus debilidades, ¡tú, como hombre, toma una decisión de lo que vas a hacer!

Si decides formar un hogar, darás un paso valiente.

> *Aunque esta carta la escribo de hombre a hombre dirigiéndome a mi posible futuro yerno, he estado pensando que quizá en algún momento mi hija pudiera leerla. Quién sabe. Es el riesgo de las frases escritas. Si eso llegara a ocurrir, quiero aprovechar tu curiosidad, HIJA, para pedirte que realices la contraparte que te toca.*
>
> *En este punto, si estás convencida de que has encontrado al hombre de tu vida, y él tiene una iniciativa de valor y honorabilidad, tómalo de la mano y ve con él a la aventura; apuéstalo todo para que se sienta confiado y comprometido con el paso que están dando. Dile cuánto lo amas. Dile que crees en él. Dile que todo va a estar bien.*
>
> *Los hombres a veces somos más cobardes de lo que podemos admitir y gran parte de la seguridad al tomar decisiones importantes nos la brinda nuestra pareja.*

PORQUE CASARSE NO ES FÁCIL.

Pero al mismo tiempo es **LA AVENTURA MÁS INTERESANTE** y grandiosa que dos personas pueden enfrentar. Hablo de lo que sé, de lo que he vivido, lo que puedo testificar como verdad probada.

Muchos hombres dudan en dar ese paso como tú has dudado, porque consideran que será una carga muy grande para su progreso personal. También temen no poder sufragar los gastos implicados. Es entendible.

Amigo, la mayoría cree que para casarse se necesita tener mucho dinero. Pero no es así. Lo que se necesita es algo más intrínseco y sustancial.

Mira, ayer mi hija se acercó cautelosa a mi estudio. Me halló reflexionando. Me dijo con una voz dulce que la tratas muy bien y se siente feliz a tu lado. Le contesté que había elementos de análisis de mayor importancia para determinar si un hombre es adecuado para asociarse con él *de por vida*. Me preguntó cuáles. Pensé en los doce puntos de mi carta. Ella no sabe que te estoy escribiendo. Tarde o temprano se enterará... Contesté refiriendo uno de los elementos prioritarios. Le dije: "Debes observar **su carácter**; su **potencial de progreso**...".

Abrió mucho los ojos.

DE ESO QUIERO QUE HABLEMOS AHORA.

¿TIENES BUEN POTENCIAL DE PROGRESO?

CUANDO ESTUVE EN EL HOSPITAL, PUDE HABLAR CONTIGO.

Te sentaste en el sillón de visitas, junto a mi esposa; contestaste preguntas y platicaste sobre ti: naciste en Sudamérica; tu padre le fue infiel a tu madre cuando eras niño y terminó abandonándola. Ella se volvió a casar con un sujeto machista y autoritario. Viviste una etapa de muchas humillaciones. Cuando ibas a la mitad de tu carrera universitaria, tu mamá falleció de cáncer y te quedaste solo con el padrastro maltratador. No aguantaste mucho. Huiste. Viajaste al norte. Hiciste una travesía por tierra durante varias semanas. Llegaste a México e ingresaste a una universidad privada, pero no podías pagar colegiaturas y gastos básicos, así que cometiste el error de pedir dinero a prestamistas de poca probidad. No cumpliste con los plazos que te impusieron. ¡Y ahora estabas ahí, en el sillón de ese hospital! Sin poder comprender cómo te salvaste de una paliza mortal, y cómo perjudicaste sin querer al hombre desconocido que se hallaba hospitalizado.

A mi esposa y a mí nos agradó tu honestidad. Detectamos cuánto habías sufrido, y decidimos ayudarte. En cuanto me dieron de alta, pagué la deuda de los usureros que te hostigaban y sufragué tus gastos universitarios. Con el tiempo me convertí en tu mentor. Hoy, de alguna forma, eres mi *hijo por adopción*, ¡y quieres convertirte en mi *hijo político*! ¡Bonita cosa! Al escribir esta carta percibo esa rara dualidad. Por lo pronto quiero hablarte más como padre y menos como suegro, porque los suegros normales sonarían impertinentes y groseros exigiendo parámetros de calidad a un posible yerno. ¡Pero yo sí quiero ponerte parámetros! ¡Te diré las cosas como son! Sin adornos ni máscaras. De entrada, aclaremos esto:

¡TÚ NO TIENES DINERO PARA MANTENER A MI PRINCESA!

¡No puedes darle el nivel de vida al que ella está acostumbrada!

¿ESO TE DESCALIFICA PARA SER SU ESPOSO?

Veremos:

Sería injusto pedirte total solvencia económica.

El hombre joven se halla al inicio de su ascenso financiero. Nadie espera que sea rico. Tampoco su novia. De hecho, los recién casados empiezan desde abajo, construyen los cimientos; incluso descienden ciertos escalones para poder organizarse. Duermen en una habitación austera, compran utensilios baratos, cocinan y comen en casa, viajan menos y se dan pocos lujos. Ambos redoblan su esfuerzo en el trabajo y se concentran en obtener mayores ingresos. Poco a poco las cosas irán cambiando y mejorando. Ése es el asunto en el que deberíamos enfocarnos: *¿Realmente* las cosas mejorarán? ¿Qué tan rápido? *¿De qué manera*?

Lo más interesante de un hombre joven no es **cuánto dinero gana hoy**, sino **cuánto puede llegar a ganar mañana**. Más que su capital económico, importa su carácter. Su capacidad para crecer a futuro.

Se llama **POTENCIAL DE PROGRESO**.

PREGUNTA PARA MÍ:
¿PREFIERO A UN YERNO MILLONARIO O UNO POBRE?

La familia de Luis era de estrato socioeconómico muy bajo. Pero Luis tenía mentalidad y carácter progresista. Estudió una carrera profesional y se especializó en finanzas. Su coraje por salir adelante y su forma de ver la vida lo llevaron a ser acaudalado antes de los cuarenta años.

Pedro, por otro lado, hijo de un empresario rico, estudió en las mejores escuelas; toda su vida se rozó con gente de alta sociedad, tenía grandes contactos y mucho mundo; su padre le heredó una empresa... Pero Pedro era irresponsable, blandengue y adicto a los juegos de azar; a los cuarenta años había quebrado la empresa que le dieron y estaba lleno de deudas.

Para esposo de una hija, cualquier padre pensante preferiría a un hombre pobre, pero con potencial alto, como Luis, y no uno con mucho dinero heredado y potencial bajo, como Pedro.

Espero darme a entender: lo que importa de un hombre joven no es su cuenta bancaria sino "su madera", *corazón, visión y valor*... La lista de atributos necesarios para poder progresar sería muy larga. ¿Cómo resumirla? He pasado varios días estudiando el tema y ya tengo una respuesta clara.

EL POTENCIAL DE PROGRESO SE MIDE POR CUÁNTO ERES:

Preparado, **O**bstinado, **T**rabajador, **E**mprendedor y **N**egociador.

Cuando hice el análisis, resumiendo qué conforma el carácter de un *hombre próspero*, descubrí con asombro que los atributos necesarios para progresar tienen como *iniciales* las cinco primeras letras de la palabra **POTENCIAL**. Nunca quise inventar un acrónimo forzado. Pero me encantó la coincidencia porque así nos será más fácil recordarlo.

Hablando claro: a cualquiera que desarrolle las **CINCO POTENCIALIDADES DE PROGRESO**, le irá bien, tarde o temprano. Quienes lo hacen desde temprana edad tienen mejores posibilidades de lograr sus metas pronto. Pero *nunca es tarde*. De hecho, un **HOMBRE-HOMBRE** se ve obligado a crecer continuamente, sin importar que tenga ochenta años de edad.

TU POTENCIAL DE PROGRESO DEPENDE
DEL GRADO EN QUE SEAS:

Preparado

- ¿Qué niveles intelectuales has alcanzado?
- ¿Cuáles son tus credenciales mentales?
- ¿En qué te has *entrenado*?
- ¿En qué eres *experto*? ¿Qué estudios tienes?
- ¿Qué **EXPERIENCIA** de valor has adquirido en la vida?
- ¿Qué **ESPECIALIZACIÓN** has logrado y sigues perfeccionando?

El PROGRESO exige preparación, no se da de forma automática. Para crecer hay que *estudiar más*, aunque seas adulto. Los hombres inteligentes cursan *diplomados* específicos, toman *clases de actualización*, llevan una libreta de aprendizaje diario. *LEEN LIBROS* (¡caray!, ¿cómo pueden muchos sujetos querer ser competitivos *sin leer*?).

OBSERVA ALREDEDOR. Las personas *INTELIGENTES Y PREPARADAS* suelen cometer *MENOS ERRORES* en la vida, toman *MEJORES DECISIONES*, dan pasos más sólidos; como capitanes, no hunden sus embarcaciones y las llevan a mejores puertos.

Obstinado

- Cuando te propones algo, ¿eres aferrado, perseverante, terco, obsesivo, hasta lograrlo?

- ¿No te conformas con la mediocridad y aspiras a más?

- ¿Eres apasionado, al grado de que siempre encuentras soluciones a los problemas?

- ¿Cumples? ¿Terminas lo que empiezas?

¿Tus metas son altas y vas por ellas *con todo*?

Si a un obstinado le niegas algo y le dices que te llame después, te llama a los diez minutos, y a la hora, y a las dos horas; te manda mensajes, te escribe cartas, habla con tu jefe y con tus compañeros; hace que *te llueva* hasta que cedas. ¡No acepta un **no** por respuesta!

Los obstinados son **GRANDES INVESTIGADORES**. Dominan el Internet. Se meten hasta la cocina cuando se trata de descubrir soluciones ocultas. Nada los detiene.

OBSERVA ALREDEDOR. Las personas OBSTINADAS siempre encuentran un camino cuando los demás se dan por vencidos. Son las que consiguen lo que quieren, porque hacen que cualquier resistencia caiga.

Trabajador

- ¿Eres aguantador en el trabajo?

- ¿Sabes poner manos a la obra?

- ¿Soportas jornadas extenuantes cuando se requiere?

- ¿No te importa sufrir con tal de cumplir con tu labor?

- ¿Te gusta estar presente, al pie del cañón, en tu negocio o empleo?

- ¿Sabes meter las manos en la faena hasta que se te formen callos?

Los hombres trabajadores no se consienten y resisten la brega diaria; ven poca televisión, dejan de perder el tiempo. No se van a la cama sin estar exhaustos. Producen dinero con el sudor de su frente y con el hervor de sus neuronas.

OBSERVA ALREDEDOR. La gente rica no para. Aunque tenga el dinero suficiente para retirarse, disfruta hacer más y más cosas. Se siente mal si la obligan a estar sentada sin producir nada útil. Sabe que su tiempo es valioso y *trabaja, trabaja, trabaja*.

Emprendedor

- ¿Eres agresivo en la creación de productos y servicios originales?

- ¿Te mueves rápido y tienes iniciativa?

- ¿Eres moderno, tecnológico, inquieto, ágil para inventar retos?

- ¿No temes iniciar nuevos negocios, porque sabes que en alguno de ellos darás en el blanco, y que si te caes, te levantarás?

De nada sirve ser un genio preparado, obstinado y trabajar como hormiga, si sólo das vueltas en círculos. Para progresar en la vida, necesitarás iniciativa y valor, romper lo convencional.

Sin ponerte la soga al cuello con deudas, atrévete a llevar a cabo tus sueños de emprendimiento. Sé creativo. Pon manos a la obra y *arriésgate más*. Deja de agarrarte del barandal y echa a correr por el puente colgante. Confía más en ti. Sé más audaz. Decide. No seas lento ni miedoso.

OBSERVA ALREDEDOR. ¿Quiénes hicieron posible la existencia de la empresa donde trabajas, de la universidad donde estudiaste, del hotel en el que tomas vacaciones? ¡Hombres emprendedores! Ellos crean al mundo. Lo transforman. Por otro lado, los poco emprendedores se limitan a consumir y a hablar mal de los ricos.

Negociador

- ¿Eres **ELOCUENTE** y sabes convencer?

- ¿Aprovechas las grandes oportunidades de la vida *hablando y negociando* con las personas adecuadas?

- ¿No tienes miedo a abordar gente importante o discutir?

- ¿Qué tan persuasivo, convincente, sugestivo, expresivo, conmovedor y honesto eres *al hablar*?

Todos tenemos una personalidad visual —como te ven te tratan—, y una personalidad verbal-auditiva —como te escuchas te creen—. En otras palabras, tu integridad y poder para cerrar buenos tratos depende de tu personalidad verbal. Lo que dices y cómo lo dices.

OBSERVA ALREDEDOR. Las personas importantes SABEN HABLAR. Son buenos negociadores. Se venden bien. No tartamudean, balbucean ni se esconden cuando hay que decir unas palabras. Por el contrario, dan la cara; llaman por teléfono; organizan reuniones; toman el micrófono; ejercitan el hablar fuerte, claro, con volumen más alto del normal; miran de frente; saludan con firmeza; preparan sus reuniones de negociación; aprenden términos técnicos y datos interesantes para decirlos en el momento adecuado; llevan un plan de lo que quieren expresar y hablan; hablan con soltura, con elegancia, con determinación… Si es necesario, toman cursos de oratoria, ventas, asertividad, y mercadotecnia personal.

REPASEMOS.

Tu capacidad para prosperar depende de que seas altamente:

PREPARADO

OBSTINADO

TRABAJADOR

EMPRENDEDOR

NEGOCIADOR

ASÍ QUE, HIJO:

¿TIENES BUEN POTENCIAL DE PROGRESO?

¿Cómo te evalúas?

Te conozco y, a ojo de buen cubero, sé que estás por encima de los hombres promedio en *algunas áreas;* sin embargo también sé que puedes mejorar en *otras*. No te diré en cuáles; ni ahora ni en el futuro. Si llegas a casarte con mi princesa, jamás fungiré como vigilante de tu labor. A los hombres no nos gusta que se nos esté evaluando. Aunque soy tu papá, también sería tu suegro. Y a los suegros uno los quiere al margen. Pero evalúate tú mismo. El asunto de **quién eres y hacia dónde te diriges**, es un parámetro de estricta revisión personal. Eso sí, te lo digo con certeza: si te va mal económicamente es porque algo está fallando en tu **POTENCIAL DE PROGRESO**. Y viceversa, lo puedo afirmar como principio de verdad: A cualquier hombre que mantenga altos estándares en ser **PREPARADO, OBSTINADO, TRABAJADOR, EMPRENDEDOR Y NEGOCIADOR**, le irá bien tarde o temprano.

PALABRAS PARA ELLA

Sigo pensando que si por error o no, hija, algún día llegaras a leer esta carta dirigida a tu posible futuro esposo, no debes usarla para juzgarlo sino para asumir la parte que te corresponde.

Cuando se casen, él tal vez se sienta desesperado por progresar con rapidez. Apóyalo en su trabajo o negocios. Si lo ves ocupado en algo que considere importante, no le exijas que te atienda "a como dé lugar". Dale tiempo y libertad de acción. Sé paciente y comprensiva.

Por otro lado, no hay ninguna diferencia de géneros en cuanto al POTENCIAL DE PROGRESO. También tú tienes retos similares. Prepárate; estudia más cada día. Sé obstinada hasta lograr metas altas. Sé trabajadora al grado de quedar exhausta, si es necesario, por cumplir cabalmente tus compromisos. Sé emprendedora creando ideas originales para nuevos negocios. Sé negociadora y convence a los demás cerrando buenos tratos que beneficien a tu familia.

Tú serás socia con tu esposo. No puedes fallar al hacer tu parte.

Más adelante hablaremos sobre el manejo del dinero en el matrimonio. Si ella tiene ingresos, ¿cómo se deberían usar idealmente? ¿Quién y cómo paga cada cosa?, ¿cómo hacer presupuestos, generar ahorros y fundamentar un patrimonio? El asunto económico es de vital importancia para la pareja. Aunque no lo creas ocupará uno de los lugares prioritarios en sus conversaciones de por vida. Pero eso requiere un análisis distinto (lo haremos más adelante). Por lo pronto, amigo, comprende que los hombres somos el ancla en los vendavales, y tú debes ser capaz de brindar estabilidad **ECONÓMICA Y EMOCIONAL** a tu reina, *tanto en tiempos de vacas gordas como de vacas flacas*. Sabes a qué me refiero.

Tú no viviste esa estabilidad en tu hogar.

Cuando tengas una familia, ¿podrás trabajar mucho sin perder la visión de por qué y para qué lo haces?

DE ESO HABLAREMOS AHORA.

¿SABRÁS GENERAR CALIDAD DE VIDA?

ESTÁBAMOS SOLOS EN ESE CUARTO DE HOSPITAL.

Me contaste tu pasado. Derramaste lágrimas de hombre porque no habías alcanzado tus sueños de progreso. También me pediste dis-

---

culpas por haber propiciado el evento en el que un sujeto armado me disparó. Conmoviste mi corazón. Supe que vivías precariamente y te ofrecí hospedaje en un departamento adjunto a mi casa, con la condición de que le dieras mantenimiento. Te aprestaste a resanar, pintar y arreglar la plomería del lugar. Lo dejaste como nuevo. Al principio fuiste sólo nuestro huésped en el sitio de visitas, pero con el paso del tiempo te convertiste en parte de mi familia. Un par de años después terminaste tu carrera profesional. Mi esposa y yo estuvimos ahí, en la ceremonia de entrega de diplomas, haciendo el papel de **padres**. Mi hija te dio unas flores de felicitación al graduarte, pero no como tu hermana adoptiva, sino como tu amada secreta.

Pensé que regresarías a tu país. No lo hiciste. Te colocaste como empleado en una empresa bursátil. Dijiste que necesitabas titularte y ganar dinero para pagarme todo lo que hice por ti. Sin embargo, hasta la fecha no has obtenido el título y te veo cada vez más agobiado. No tienes tiempo de nada. No has podido estudiar una maestría o un diplomado. Al paso que vas, terminarás neurótico, dando vueltas en círculos, descuidando a tu reina y poniendo en riesgo tu relación de pareja.

Hijo, eres muy joven y ya se te está cayendo el pelo. ¡Te encuentras inmerso en una rueda laboral sin fin que te causa zozobra y parece no llevarte a ningún lado!

AL PRINCIPIO DE MI MATRIMONIO YO ERA ASÍ.

Trabajaba de sol a sol. Cuando llegaba a casa estaba tan agotado que únicamente quería descansar. Exigía silencio absoluto. Todo me irritaba. Emocionalmente me sentía solo. Mi esposa se acercaba a mí para tratar de platicar, y yo le pedía, prácticamente, que me dejara en paz. Debía levantarme temprano al día siguiente.

Aunque era un trabajador perseverante, no tenía salud. Vivía exhausto.

ES LA HISTORIA DE MUCHOS HOMBRES. LA MAYORÍA.

¿Cómo se logra *el equilibrio* cuando hay tantos compromisos de pago y **todo el peso de solventarlos recae sobre el varón**?

Ésta es otra pregunta crucial:

¿SABRÁS GENERAR CALIDAD DE VIDA?

Yo entendí con los años que el ***equilibrio*** es indispensable para darle estabilidad al hogar. Y el equilibrio se conforma de dos aspectos:

1. **PRODUCTIVIDAD EN EL TRABAJO.** Logros y crecimiento profesional constante.
2. **TIEMPO LIBRE.** Una vida privada de pareja intensa y completa.

Por lo regular, la mayoría de los hombres que intentan (a veces ni siquiera eso logran) tener **PROGRESO EN EL TRABAJO**, sacrifican el **TIEMPO LIBRE** al grado de acabar con su vida privada, y viceversa. Muy pocos consiguen el equilibrio. Las familias de hoy casi no conocen la calidad de vida. Yo aprendí a lograrla usando una fórmula infalible. El *Método Timing* para optimizar cada minuto del día. Es, de hecho, una filosofía de vida. Aunque tú necesitas estudiarla a fondo, te diré las bases.

En la ingeniería del *Método Timing*, decimos que los seres humanos podemos trabajar en diferentes niveles de ritmo: 20%, 40%, 60%, 80% y 100% de nuestra atención y capacidad.

Para lograr tiempo libre por las tardes, es necesario que durante las jornadas de trabajo matutino te concentres en arrancar rápido y alcanzar un ritmo alto, es decir 80% a 100% de tu concentración y eficiencia. Primero realiza una planeación clara de tus metas priorizadas, es decir, analiza qué de todo lo que haces te produce el mayor retorno o utilidades, y ve por esas metas con decisión y movimiento máximo hasta alcanzarlas. Se trata de lograr INERCIA PRODUCTIVA. Sin ella, ningún hombre puede llegar al equilibrio de la calidad en su vida privada.

PARA QUE ME ENTIENDAS MEJOR, IMAGINA ESTA ESCENA:

Un tren de 3000 toneladas avanza a toda velocidad sobre la vía. El día anterior varios albañiles construyeron un muro de ladrillos, reforzado con columnas de concreto en medio de una larga recta sobre las vías. Visualiza ese tren con sus 30 vagones aproximándose a 80 kilómetros por hora. ¿Qué sucederá cuando se encuentre de frente con la pared? ¡El tren destruirá el muro y seguirá su camino como si nada!

A eso se le llama **poder de inercia**.

Ahora imagínate el pesadísimo tren detenido en la estación. Unos niños le ponen polines de madera en las ruedas. Cuando el maquinista eche a andar los motores y trate de avanzar, la mole no se moverá. ¡Unas maderitas lo estarán deteniendo!

La inercia le brinda poder a cualquier objeto y lo hace imparable en su trayectoria.

LO MISMO PASA CON LAS PERSONAS.

Gran parte de tus problemas en la vida se resolverán si logras generar **INERCIA PRODUCTIVA**.

¿CÓMO?

En primer lugar recuerda que el tiempo es tu activo de mayor valor. Si pierdes tiempo, pierdes dinero.

Cada mañana, con objetivos claros, ataca los desafíos más importantes hasta terminarlos. Planea agresivamente, haz llamadas, negocia con eficiencia, convoca a gente, resuelve problemas. No desperdicies minutos valiosos en los intervalos entre una actividad y otra; no postergues, decide y actúa rápido, contagia tu ALTO RITMO PRODUCTIVO al equipo; mantente sonriente, disfruta lo que haces, produce mucho, logra más que cualquiera, ¡añade valor a todo lo que tocas generando ganancias económicas para tu organización y para ti!

La inercia productiva te hará imparable.[1]

¿Y TODO ESO, CON QUÉ PROPÓSITO?

¡Para que puedas detenerte a las 6 de la tarde, *CAMBIAR DE CHIP*, **y dedicarte a ti mismo, y a tu familia**!

¡Establece un límite de horario en tu trabajo productivo! Incluso programa una alarma. ¡Cuando suene el reloj, deberás haber logrado *todas las metas profesionales importantes del día*! ¡Frena!, ¡cambia de ritmo!, ¡cambia de ropa y vuelve a ser un niño o un joven enamorado!

Como buen hombre, debes tener dos chips intercambiables. El de *máxima productividad* y el de *gozar tu vida privada*.

[1] Si quieres dominar este método de productividad, consulta el libro *TIEMPO DE GANAR*, Carlos Cuauhtémoc Sánchez, México, Ediciones Selectas Diamante, 2013.

DATE CUENTA:

El hombre improductivo es como un ***TREN DETENIDO***; los problemas le parecen enormes y no resuelve ninguno; cuando llega a la casa irradia estrés y quiere continuar trabajando hasta altas horas de la noche.

El hombre productivo, en cambio, es eficaz y logra un ritmo 80-100, como ***TREN EN MOVIMIENTO,*** enfrenta problemas, derriba muros, logra resultados y se siente tan satisfecho (cansado, pero feliz) que apaga la computadora por la tarde y GENERA TIEMPO DE CALIDAD en su matrimonio.

VOY A DECIR ALGO QUE PODRÍA OFENDER A MUCHOS ADICTOS AL TRABAJO. PERO ES VERDAD.

Una persona que trabajas de más, a deshoras, rompiendo el equilibrio en su calidad de vida, tiene cualquiera de los siguientes tres defectos:

1. Es ineficiente durante el día: como tren detenido, no logra un ritmo productivo en la jornada de trabajo normal.
2. Es neurótico: no sabe manejar sus emociones u obsesiones.
3. Trabaja para un explotador: debería buscar otro empleo.

Me gusta la analogía del **CHIP MENTA**L, que como el **CHIP ELECTRÓNICO** contiene toda la programación para que un aparato logre determinado propósito.

ENSEÑA A TU ESPOSA A CAMBIAR EL CHIP

A una determinada hora del día, bloqueen mentalmente todo lo referente al trabajo y concéntrense en actividades familiares. Apaguen el teléfono o no contesten llamadas de negocios. ¡Acostúmbrense y acostumbren a sus conocidos a no mezclar los tiempos! Cuiden su vida personal y de pareja. Creen momentos mágicos. Disfruten haciendo ejercicio físico, viendo un partido, saliendo a un  parque con sus hijos, gozando un atardecer, tomando masaje en un spa, yendo al cine, haciendo el amor sin prisas, concentrados en los detalles más románticos.

El tiempo de tu vida personal y familiar no es negociable. No puedes venderlo ni cambiarlo por dinero.

Ahora, comprende algo más: *Dormir no es vivir*. Aunque necesitas dormir para vivir, **sólo se vive despierto**. ¡Trabaja duro y gánate los momentos mágicos *diariamente*, sin llegar a ellos hecho una piltrafa que sólo quiere echarse a roncar en la cama! Un buen matrimonio requiere **INTELIGENCIA Y ENERGÍA**. Tú tienes ambas.

HAZ UN ESFUERZO POR MANTENER VIVOS LOS DETALLES.

La mayoría de los hombres, con los años, nos convertimos en seres grises, monótonos, aburridos. No te lo permitas.

SÉ CREATIVO.

- Invita a tu esposa a cenar a diferentes restaurantes; no siempre al mismo.

- Llévala a sitios exóticos; planea con ella actividades novedosas.

- No dejes de regalarle flores; simbolizan que ella es digna de seguir siendo cortejada y conquistada.

- Escríbele notas o cartas de amor. Aunque te suene cursi, de vez en cuando deja un escrito romántico en su bolso o junto a la taza de café... Escríbele mucho. Siempre que puedas, pero hazlo sólo para elogiarla, alimentar su autoestima y alegría; si tienes algún reclamo nunca lo pongas en papel.

- Llámala por teléfono sorpresivamente; dile cosas como: "He estado pensando mucho en ti, y sólo te hablo para decirte que eres una gran mujer, tienes cualidades extraordinarias... —enuméralas—, te admiro, te amo y me siento un ser privilegiado por ser tu esposo". Usa el teléfono como un arma de conquista.

- Aunque te disgusten las festividades comerciales, son importantes para ella. No dejes de darle un detalle el Día del Amor, el Día de las Madres, el Día de las Princesas Sublimadas o cualquier otro que sirva como pretexto pare recordarle que la amas.

YO TARDÉ MUCHO EN ENTENDER TODO ESTO.

Causé angustia a mi bella mujer en el proceso. Y fue injusto. Ella no se merecía pasar por todo el estrés de tener que lidiar con un hombre desequilibrado que trabajaba como maniático y no sabía generar calidad de vida.

Hoy la pregunta más importante que me hago cada mañana, al levantarme y mirar a mi reina junto a mí, es ésta: ***¿Cómo puedo hacer mejor la vida de esta mujer?***

Algunos todavía creemos en los cuentos de hadas. Creemos que nunca es demasiado tarde ni demasiado temprano. Y luchamos por hacerlos realidad. En su honor.

PALABRAS PARA ELLA

Muchas mujeres, cuando su esposo llega del trabajo, lo reciben histéricas, desarregladas, con quejas, asperezas, frialdad y mal humor.

Hija, la calidad de vida también la propicias tú. Debes lograr un RITMO PRODUCTIVO 80%-100% en tus labores del día, estar satisfecha de los resultados ¡y libre a determinada hora para disfrutar a tu marido!

Aunque eres una persona muy ocupada, al momento en que él y tú se hayan puesto de acuerdo en cambiar el chip, ASEGÚRATE DE HACERLO Y ESTAR LISTA. Acepta siempre que te invite a cenar, al cine o a caminar. No lo abrumes con problemas pendientes o temas irritantes; no chatees en el teléfono cuando estés a su lado, no trabajes a deshoras; no pongas a nadie, ni siquiera a tus hijos, como prioridad por encima de él.

Siempre que puedas, agradécele su esfuerzo por brindarte calidad de vida, elógialo y bríndale detalles. Cuando sea tiempo de disfrutarse mutuamente, concéntrate y entrégate por completo.

Hijo, la familia bien fundamentada y dirigida hace que la existencia de los dos sea más feliz. Desgraciadamente en muchos casos sucede todo lo contrario. Se genera un cuento de terror, una existencia de pesadilla.

Al escribirte sobre *la calidad de vida*, ha venido a mi mente un tema conexo que me alarma.

TU PASADO.

Sé que en tu juventud fuiste víctima de maltrato emocional. De niño sufriste el abandono de un padre indiferente y después, los gritos de un padrastro autoritario. Ahora me pregunto cómo serán tus reacciones en los momentos de ira o frustración. Porque la mente humana es traicionera y los patrones subconscientes tienden a salir a flote cuando perdemos el control. Si las heridas del alma no han sanado bien, la persona repite los modelos de conducta que observó. El niño maltratado suele convertirse en adulto maltratador.

DE ESO QUIERO QUE HABLEMOS. SI TIENES EL VALOR.

¿SERÁS PACIENTE CUANDO ELLA SE EQUIVOQUE?

TE ESCRIBO AHORA PREOCUPADO POR LO QUE DIRÉ.

No quiero hurgar en heridas de tu alma que pudieran tener cicatrices sensibles. Tampoco trato de amenazarte en el tono *¡trata bien a mi hija o te las verás conmigo!*, pero como seguramente no deseas generar en tu propio hogar el dolor que padeciste, y tienes en tu contra los malos ejemplos aprendidos, necesitas visualizar estrategias para no caer en el error de maltratar a tu familia; ni siquiera sutilmente. **Así que pon mucha atención.**

Empezaré refiriendo el ejemplo de una mujer a quien conozco.

ELLA SE CASÓ MUY ENAMORADA.

Siempre supuso que el matrimonio sería una aventura sublime colmada de amor. Lo que encontró fue todo lo contrario.

Su esposo, a quien llamaré Rodolfo, era atractivo, rico, profesionista, empresario. Todos supusimos que amaba a Lucía (su nombre real también es otro). Y tal vez así era, pero cuando a Rodolfo le iba mal en el trabajo, permanecía furioso por horas, como una olla exprés a punto de explotar. No sabía *desconectarse de emociones anteriores ni CAMBIAR EL CHIP.* Llevaba a casa toda la basura de la calle. Ante cualquier *FALLA* de Lucía, Rodolfo estallaba en ira, decía palabras ofensivas y se desquitaba con la mujer a quien supuestamente debía cuidar.

LUCÍA ME CONFESÓ:

Rodolfo aparenta ser un hombre tranquilo, pero sus episodios de ira me causan terror. No es paciente conmigo. ¡Ante mi más mínimo error se pone histérico! Grita y suelta palabrotas. Si digo algo que le parece inadecuado o tonto, se echa a reír, me hace quedar como estúpida frente a los demás. Es una bomba de tiempo. Lo he visto romper platos, dar puñetazos a las paredes, patear las puertas. Tengo miedo. ¡Quiero salirme de este matrimonio! Ya no siento amor por mi marido. Sólo pienso en huir de él. Pero creo que estoy embarazada.

 Los cineastas se equivocan cuando inventan absurdas películas de terror que nadie cree. El drama de esa joven mujer es mucho peor: ¡casarse con un hombre que detrás de su máscara dulce y caballerosa esconde a un machista, misógino; capaz de gritarle a su reina, proclive a insultarla y dispuesto a humillarla con reproches hasta quebrar su dignidad!

¿De qué le sirve a un individuo tener potencial financiero, si lastima a su esposa o la hace sentir como basura?

Sujetos como Rodolfo no tienen derecho a formar un hogar con mujeres como Lucía. Deberían estar en algún tipo de correccional cohabitando con otros rufianes. Por eso le recomendé a ella que se separara.

Perdona que a esta altura de la carta sienta perder el aplomo, pero me tiembla la mano al escribir la siguiente pregunta.

TÚ NO TE PARECERÁS A RODOLFO, ¿VERDAD?

¿SERÁS PACIENTE CUANDO TU ESPOSA SE EQUIVOQUE?

¿Te mofarás de ella?

¿La corregirás con altanería?

¿La harás quedar en ridículo?

¿Usarás el sarcasmo sojuzgándola?

¿Aprovecharás sus errores para recordarle que tú eres "mejor"?

¿Usarás como excusa lo que no te gustó y estallarás en insultos, gritos o desprecios?

VOY A CONTARTE OTRO CASO DIFÍCIL.

La hija de mi vecino se casó con un sujeto que llegó al extremo de golpearla con el puño. ¡Ella acabó en el hospital! Entonces, el padre de la chica contrató unos matones anónimos para que le dieran una paliza al marido golpeador.

En una comida de negocios, motivado por el vino de mesa, mi vecino confesó:

—Yo soy un hombre pacífico, pero ¿cómo iba a permitir que un gandul, usando su mayor fuerza física golpeara a mi hija desvalida? ¡El maltrato de un hombre hacia una mujer reta a otros hombres a defenderla! ¡Es un desafío a muerte, de hombre a hombre! ¡A mi hija nadie la toca! El desgraciado tuvo su merecido. Ahora está en una silla de ruedas. Él no sabe quién lo mandó golpear, pero tal vez lo sospeche. Para evitar represalias, mi esposa y yo nos mudaremos de la colonia. Y, por supuesto, nos llevaremos a nuestra hija.

EL EJEMPLO ES TRÁGICO.

Pero la violencia doméstica promedio **suele ser más discreta**, casi imperceptible para el observador ajeno. Lo común, y no por ello menos vil, es que, como en el caso de Lucía, el maltrato se inflija en forma de gritos, majaderías, comparaciones humillantes, prohibiciones, celos obsesivos, sarcasmo, amenazas, ofensas a sus seres queridos, mentiras, privaciones, control de actos y pensamientos.

ESTO PUEDE SUCEDER INCLUSO EN EL NOVIAZGO.

Recuerdo a una chica cantante cuyo novio tocaba la batería.

Ella resplandecía al micrófono, mientras él era un mediocre con las baquetas. Para sorpresa de todos, después de un tiempo ¡ella

dejó de cantar!, le preguntamos por qué. Guardó el secreto.
Después me enteré: su novio la
aplastó. Solía susurrarle al oído:

—Te falta voz, te desafinaste,
mis primas cantan mejor que
tú; en realidad no lo haces nada
bien.

Muchos *hombrecitos* no soportan el éxito de sus mujeres.

Se vuelven cazadores de errores en el afán estúpido de hacerlas parecer enanas para que ellos se vean más altos.

Pero es un juego inútil.

Sólo un hombre grande disfruta caminar al lado de una gran mujer.

El mediocre se sentirá tan inseguro junto a una dama, que la tratará
mal hasta romper su dignidad y fortaleza.

HAY UNA DIRECTRIZ EXACTA PARA EVITAR EL MALTRATO.

PON MUCHA ATENCIÓN: Es un modo de pensar que debes instalar
en tu *sistema operativo mental*, trabajar con base en él; vivir confor-
me a él.

Para explicártelo, usaré una situación hipotética. Analízala:

INVITAS A TU ESPOSA AL TEATRO. Compras boletos caros y se los das
a guardar a ella. El día de la función se les hace tarde, atraviesan toda
la ciudad, llegan justo a la hora, estacionas el auto, corren y cuando
van a entrar a la sala ¡ella te dice que olvidó los boletos! Te quedas
helado. ¿Cómo es posible? ¿Por su culpa perderán la función, y el dinero? Piensa. ¿Qué deseos se despiertan en tu naturaleza instintiva?

Tal vez querrás regañarla; mostrarle tu enfado; recordarle todos sus errores, ¡decirle lo descuidada que es, la forma en que te ocasiona gastos inútiles y pérdidas de tiempo! ¡Quizá incluso te atrevas a gritarle o insultarla hasta que te pida perdón por su error! Y si alguien te pregunta por qué te has puesto tan duro con ella, tendrás argumentos razonables para demostrar que tienes la razón. (¡Aplausos al macho que domina a su hembra!).

AHORA IMAGINA QUE ERES UN CABALLERO:

Éste es el nuevo programa mental. Reaccionas de forma pensante, como un HOMBRE-HOMBRE, de los que hay pocos. Sí, tu esposa falló. Por su culpa perderán la obra y el dinero. Pero sabes que cuando ella se equivoca, tú tienes una gran oportunidad para demostrarle cuánto la amas. Entonces, haces un esfuerzo por controlarte. Respiras hondo y pones en orden tus prioridades. Ella es tu reina. Es más importante que cualquier actividad externa. Así que en vez de regañarla, le dices algo así como: "no importa; mi verdadero placer e interés esta noche es convivir contigo y disfrutar tu compañía".

Cambias de planes, la abrazas y la llevas a cenar o al cine. Siempre de buen humor.

¿DIFÍCIL? ¡CLARO!

¡Por eso NO CUALQUIERA construye un matrimonio feliz!

Si ella falla en algo, en vez de aplastarla, ayúdala a levantarse, sin regaños ni sermones. No la corrijas, no la calles, no la obligues a pensar como tú o a hablar como tú o a decir lo que tú dirías. Jamás hagas que se arrastre por adularte o decirte *sí, señor* en todo. Al contrario. Motívala a que te diga cuando estás equivocado y escucha sus opiniones.

Si te empeñas en ser el DON PERFECTO maestro rezongón y gruñón, que se ríe de ella y la avergüenza cuando se cae, te volverás su verdugo y el ser humano *que más detestará* en secreto.

Si, en cambio, aprendes a ser su mejor amigo, quien la cuida, la levanta y la protege si se equivoca, te convertirás en su príncipe azul y *en lo mejor de su vida*.

VOY A COMPLICAR LA SITUACIÓN PARA QUE VEAS HASTA DÓNDE PUEDES APLICAR EL NUEVO PROGRAMA MENTAL:

Imaginemos que tu esposa no olvidó los boletos del teatro, sino los pasaportes, y te lo dice al llegar al aeropuerto, cuando el vuelo está a punto de cerrarse. Perderán el avión, tiempo y dinero. Por culpa de ella, otra vez. Cualquier hombre se alzaría gritando y gruñendo como macho descontrolado, pero el verdadero caballero analizaría las alternativas, tomaría las riendas y sabría que está frente a otra oportunidad para demostrarle a su amada que todo tiene solución, que él la resguarda y que considera un honor cuidarle las espaldas. Tomarán otro vuelo. Si es necesario él pagará la diferencia. "¿Cuál es el problema?, iremos por los pasaportes; en el ínter podemos inventar alguna actividad agradable; eso es lo que importa, **porque si tú y yo estamos bien, todo lo demás tiene arreglo**".

Cuando se habla de maltrato familiar, casi siempre se pone al hombre como el tirano. Pero no siempre es así. ¡También hay mujeres maltratadoras, a quienes les encanta humillar a sus maridos!, sobre todo si cometen errores.

Hija, tu esposo se mueve en una sociedad muy competitiva y hostil. Muchos querrán difamarlo, avergonzarlo, derribarlo, ¡pero tú nunca! ¡Siempre lo harás sentir grandioso, digno, apto, capaz! Serás una cazadora de aciertos para decírselos y exaltarlo. Jamás buscarás sólo sus fallas... Y cuando las cometa, reaccionarás con paciencia, las pasarás por alto, o las arreglarás en privado sin exhibir su debilidad o tu "heroísmo femenino". Para eso estás a su lado; para ayudarlo, para aconsejarle discretamente mientras le dices que a pesar de cualquier imperfección, sigue contando con tu admiración y cariño. Por cierto, ¿quieres que él te trate como a una reina? Entonces trátalo a él como a un rey.

CONOCE A TU MUJER.

A veces los errores que causan tantos desazones y disgustos en el matrimonio son producto de condiciones físicas o químicas.

Ella te sacará de quicio al menos una vez al mes. Durante su menstruación. Se volverá irritable, indiferente, exagerada, perfeccionista, triste, llorona, explosiva, intolerante, irracional... o cariñosa en extremo. ¡Creerás que está loca!

No hagas caso. No trates de darle consejos, discutir o contradecirla. Sólo sonríe. Si se deja abrazar, hazlo. Si no quiere, aléjate.

Esta escena cada veintiocho días, ya en el matrimonio, te parecerá muy frecuente. ¡Demasiado! Si no estás preparado para sobrellevarla ocasionarás que la etapa hormonal se convierta en una tormenta posterior que afectará su relación.

Sé inteligente. Ella no es como tú. Tiene otro ADN, por eso una vez al mes no entenderás nada, pero cuando pase la racha te sorprenderás de sus cualidades y de su belleza integral.

¿Y SI DE TODAS MANERAS TE ENOJAS CON ELLA?

Está bien. No eres santo; tienes tu carácter, y a veces necesitaras reclamarle algo que no ha visto o que está haciendo mal. No siempre tendrás que condescender. Tampoco puedes convertirte en un abnegado bonachón. Pero cuando te embargue la ira y necesites poner las cosas en claro, *sé paciente*. Deja que tu furor se enfríe; aléjate y date un tiempo breve. Haz el ejercicio sagrado de desconectar emociones agresivas, cambiar el chip; aclarar la mente y pensar con objetividad...

INMEDIATAMENTE DESPUÉS, REGRESA Y ¡HABLA!

Esto es aún más importante. Lo voy a reiterar. Si algo no te gustó, *¡habla!*, si tienes un problema, *¡habla!*, si quieres enseñar algo, *¡habla!*, si quieres que las cosas se hagan diferentes, *¡habla!* Por Dios, ¡habla con calma, con claridad, con honestidad! Di lo que piensas. Nunca trates de lavarte las manos argumentando que tú no cometes violencia emocional y convirtiéndote en un mudo. El silencio es otra forma de maltrato. Una de las peores. Muchos *hombrecitos* se jactan de no gritar o decir majaderías, pero usan la peor majadería con su esposa: IGNORARLA. ¡Le retiran el saludo!

> ¡Evitan charlar o contestarle sus preguntas! ¡La hacen sentir que no existe! ¡Arregla las cosas hablando!

EXPÓN TUS RAZONES SIN GRITAR NI DECIR GROSERÍAS.

> La mayoría de los hombres somos majaderos con los amigos o en el trabajo. Pero no lo seas en tu hogar.
>
> Un LÍDER INTELIGENTE tiene capacidad de influir en su esposa con palabras corteses.
>
> Como lo demostró Bernard Shaw en su obra *Pigmalión*: las mujeres se convierten con el tiempo en un reflejo de lo que pensamos de ellas y de cómo las tratamos. Trátala como a una dama, entonces se sentirá una dama y así se comportará contigo. Cuando encares desacuerdos o conductas que te desagraden, tienes el poder para reorientar el rumbo de la relación exponiendo tus argumentos, ¡pero sin perder la elegancia y caballerosidad!

Sé un caballero hasta la muerte, porque **LA VIOLENCIA INTIMIDA, PERO EL AMOR TRANSFORMA**.

ELLA ES MI PRINCESA. AHORA SERÁ TU REINA.

Es muy vulnerable porque tiene un corazón frágil, ama sin reservas, cuando decide entregarse lo hace con pasión, y a veces hasta con ceguera. **Tiene un enorme deseo de amar y ser amada**. Sorpréndela haciendo realidad sus sueños. Sé su fuente de amor, consuelo y paz. Si haces eso **tendrás éxito** con ella en una de las áreas más importantes de la pareja:

EL ÁREA SEXUAL. ¿TE ATREVERÍAS A HABLAR DE ESO?

¿SERÁS BUEN AMANTE EN LA INTIMIDAD?

ANOCHE MI HIJA LLEGÓ A CASA CONTENTA.

No podía ocultar la alegría que cristalizaba sus iris y le ruborizaba las mejillas, como quien viene corriendo con una noticia importante.

Mi esposa y yo lo notamos de inmediato. Le preguntamos qué pasaba. Ella levantó su mano izquierda y mostró un anillo de compromiso. Nos contó que le propusiste matrimonio de forma inteligente y creativa. (Te felicito; a las mujeres les gusta lo original en cuanto al proceso de consolidar su relación, porque cada detalle se vuelve parte de una historia de amor que van a grabar, recordar, platicar y repetir durante toda la vida).

Más tarde, mi esposa y ella se apartaron para charlar a solas. Parecían misteriosas. Según me enteré, nuestra princesa tenía preguntas fuertes respecto a la sexualidad en el matrimonio. De mujer a mujer hablaron largamente al respecto.

Ahora quiero hacerlo yo contigo. Entiendo que un suegro no debería tocar este tema con su futuro yerno —sonaría ridículo, intrusivo en extremo—, pero nuestro caso es diferente porque también *eres mi hijo*; por desgracia te adopté moralmente cuando ya eras adulto y no tuve el privilegio de verte crecer para darte consejos paulatinamente. Aunque resulte tardío —pues seguramente sabes, o crees saber mucho de sexo—, considero pertinente repasar contigo algunos principios que, a pesar de toda la sapiencia masculina de hombres conquistadores experimentados, a la hora de la verdad, en la convivencia sexual diaria del matrimonio, a muchos se nos olvida.

VOY A DECIR ALGO MUY FUERTE.

Estando junto a sus padres, a mi pequeña no le haría falta nada (material o emocional). Pero hay algo que nosotros no podemos darle. Y que jamás encontrará en su casa paterna: **el contacto físico de una**

piel cálida y amorosa… los besos y caricias que hacen vibrar el cuerpo y se fusionan con el alma en una unión sensual.

En el terreno de la **INTIMIDAD MÁXIMA**, *tú*, su esposo, **serás el único ser humano en todo el planeta Tierra con supremacía absoluta para cuidarla**. Ningún familiar, terapeuta o amigo podrá hacerla feliz en esa área. Sólo tú. Porque cuando la esencia espiritual de ambos se fusione en el abrazo de los cuerpos, **te convertirás realmente en *su hombre***, con todo lo que eso implica. ¡Será en la cama donde ella te verá de verdad como su proveedor, protector, líder, complemento y amigo único! Pero si haces mal tu parte ahí, ella se sentirá más sola que nunca, pues no podrá pedir ayuda a un tercero y ninguna tristeza se compara con la frustración de una vida íntima miserable.

ASÍ QUE HABLEMOS DE SEXO EN EL MATRIMONIO.

MASTERS Y JOHNSON (dos investigadores serios, él un médico cirujano ginecólogo obstetra, y ella una psicóloga terapeuta), observaron, filmaron y analizaron más de diez mil actos sexuales de cientos de parejas para establecer científicamente los cambios que ocurren en el hombre y la mujer. Así trazaron las **CURVAS DE LA SEXUALIDAD HUMANA**.

Voy a simplificar y parafrasear las interpretaciones de Masters y Johnson sin ahondar en la terminología de las fases, para hacer esto sumamente práctico.

CURVA PROMEDIO (1)

Excitación-Orgasmo en un juego sexual normal

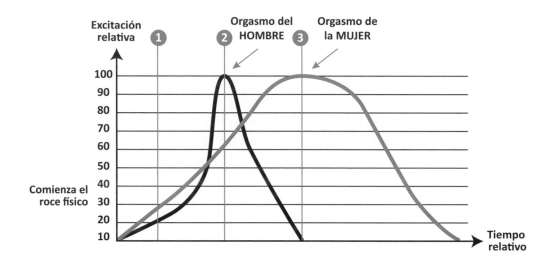

ANALIZA QUÉ SUCEDE:

1 Si la mujer recibe los estímulos psicológicos adecuados, como palabras dulces, elogios y trato digno, puede comenzar a excitarse antes que él.

MARCA 1. La mujer está en el 30% de excitación y el hombre en 20%.

2 En cuanto comienza la estimulación física, el hombre se excita **de forma inmediata**. En segundos puede alcanzar la fase de meseta a niveles de 90%; entonces experimenta un deseo irracional por alcanzar el orgasmo. Si se deja llevar por sus instintos, eyaculará antes de que ella haya llegado a la excitación adecuada.

MARCA 2. Ella está en el 60% de excitación y él ya ha tenido el orgasmo.

3 EL deseo de la mujer sigue en ascenso. El hombre ha perdido la erección y el interés de forma abrupta.

MARCA 3. Él está relajándose y ella está en su máximo nivel.

ESTA CURVA PROMEDIO refleja el acto sexual rutinario en millones de parejas.

Muchos varones egoístas, poco instruidos o poco inteligentes, en vez de estudiar el reto sexual de su matrimonio y actuar con estrategia para regalarle placer a su esposa, la culpan a ella por no obtenerlo; la regañan porque "se tarda demasiado", porque "no sabe excitarse", le dicen que aprenda a tocarse, que vea pornografía, que "supere sus traumas y complejos". Así, el *hombrecito* no sabe llevar al clímax a su esposa y acaba insinuándole que, como él tiene más necesidad, siempre quiere *un rapidín,* y que ella se deje usar como un juguete sexual.

Ahora observa la gráfica de un coito rápido en el que, de plano y con descaro, el hombre sólo piensa en sí mismo:

CURVA DISFUNCIONAL (2)

Excitación-Orgasmo en un juego sexual machista

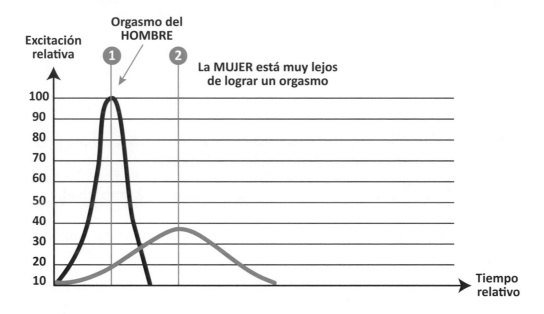

ANALIZA QUÉ SUCEDE:

1 Ésta es la curva de un hombre más egoísta.

La mujer se siente desconectada de modo que no tiene el menor deseo sexual. Él comienza a desnudarla y tocarla. Ella lo tolera; continúan el acto físico y en pocos minutos él llega al orgasmo.

MARCA 1. Él ha eyaculado ¡y ella apenas ha conseguido el 20% de excitación!

2 El marido acaba exhausto sobre la esposa. Ella lo empuja. Él se echa a un lado para dormir y ella se queda profundamente decepcionada.

MARCA 2. Cuando él ha terminado, ella va en el 35% de excitación. Él está fuera de combate y ella continúa recostada por varios minutos más, que le sirven para repasar lo infeliz que es.

Si esta experiencia sexual se convierte en habitual, será el origen de una relación decadente.

Un **HOMBRE-HOMBRE**:

- Estudia el tema sexual, habla con su esposa, le pregunta qué le gusta y qué no le gusta, la respeta y la trata de forma cuidadosa.

- Nunca aplica con ella las técnicas o procedimientos amatorios que aprendió con otras.

- La conoce, la cuida, la espera hasta llevarla a sentir varios orgasmos.

- Entiende que cuando su esposa alcanza el primer clímax, apenas está empezando, pues ella tiene la capacidad de experimentar varios en la misma sesión.

- Sabe que en la intimidad todo es de mutuo acuerdo.

- Entiende que el sexo anal no es sano, ni ética ni biológicamente.

- No fuerza a su esposa a hacer cosas que ella no quiere.

- Sabe que aunque el placer orgásmico es importante, la verdadera prioridad en la relación sexual (lo que no puede faltar nunca) es la convivencia tierna, natural, sensible y amorosa.

Por último, observa la gráfica propiciada por un caballero:

CURVA IDEAL (3)

Juego sexual exitoso

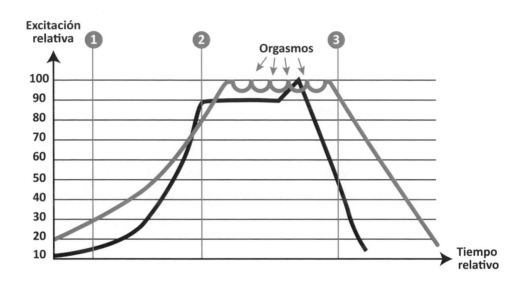

ANALIZA QUÉ SUCEDE:

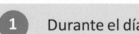 Durante el día ambos han tenido un trato amable y cariñoso, de modo que se sienten cómodos y conectados mentalmente.

MARCA 1. Desean un acercamiento físico; ella incluso lo espera.

2 El hombre alcanza un nivel de excitación muy alto, pero se controla; usa diferentes técnicas para aguantar sin eyacular. Mientras tanto, continúa estimulándola (aunque ella pueda llegar a tener un orgasmo vaginal, el hombre preparado sabe que el centro del placer de su esposa está en el clítoris), la acaricia, y le da su tiempo.

MARCA 2. Él aguanta y hace un trabajo cariñoso y paciente, concentrado en llevar a su esposa hasta el punto máximo.

3 Cuando ella llega al clímax, todavía el hombre resiste más. Sabe que, en todo caso, el orgasmo más difícil de conseguir para ella es siempre el primero, y que los siguientes serán más accesibles, pues ha entrado al área de la cima repetitiva (exclusiva de la mujer). Después de que ella experimenta placer máximo, él *le brinda un descanso* (alrededor de medio minuto en el que platica con ella) y la vuelve a estimularla para llevarla a otro clímax. Posteriormente *le da otro descanso* (el paréntesis de convivencia romántica es importante) y vuelve a estimularla generándole un nuevo orgasmo. *Hace otra pausa* y nuevamente la estimula. Y repite lo mismo, ¡y lo mismo una y otra vez!, hasta que ella dice "basta"...

Ya dentro del ciclo orgásmico recurrente de la mujer, él puede eyacular en cualquier momento.

MARCA 3. Ambos logran una satisfacción máxima y terminan el acto embriagados de un arrobamiento que se aproximará (o llegará tal vez) a los niveles de felicidad máxima que se puede experimentar.

AHORA BIEN...

Puede suceder que el hombre no logre controlarse y eyacule antes de que ella llegue al (los) orgasmo(s). Eso no representa ningún problema, siempre y cuando, él (aunque haya perdido la excitación y la erección), **siga estimulando a su esposa con cariño y paciencia**, todo el tiempo que sea necesario. Si hace eso, en el historial del matrimonio, podrá contabilizarse tal encuentro sexual como dentro de la CURVA IDEAL, pues al final, de cualquier modo, él **fue un buen amante** porque logró que ella tuviera placer.

CUANDO TU ESPOSA Y TÚ REVISEN SU PASADO SEXUAL, ¿QUÉ CALIFICACIÓN TENDRÁS COMO AMANTE?

Hablando claro, no siempre lograrás la CURVA IDEAL (3). Algunas veces apenas llegarás a la CURVA PROMEDIO (1) y quizá, en ciertas ocasiones sólo lograrás la CURVA DISFUNCIONAL (2).

Otra vez es dos más dos. Aritmética simple:

Si dentro de muchos años TÚ Y ELLA hicieron el amor, digamos 2000 veces, asegúrate de haber logrado un buen número de éxitos como amante de tu esposa. Por ejemplo:

1300 veces (2/3 partes del total) lograste la CURVA IDEAL (3).

500 veces, sólo la CURVA PROMEDIO (1).

200, la CURVA DISFUNCIONAL (2).

Sé que contabilizar de esa manera puede sonar frío y desangelado, porque estamos hablando del aspecto más íntimo en la pareja, pero como hombre pensante no creo que te asustes o te ofendas. Se trata de anteponer la inteligencia y la preparación a los instintos. De hacer bien las cosas importantes.

¿SERÁS BUEN AMANTE EN LA INTIMIDAD?

¿Podrás medir tu verdadera hombría en la cama, haciendo feliz a tu reina?

¡DESCUBRE UN SECRETO MÁS!

Observa cómo, cuando todo termina, la resolución o desexcitación **siempre** es **más lenta EN LA MUJER** (en todas las gráficas). Ella tarda varios minutos en regresar a la normalidad. **¡Así que cuidado! Justo después del final,** más aún si **no** lograste llevarla hasta el orgasmo, tu esposa tendrá un tiempo de sensibilidad emocional extrema. Aunque tú ya estés "servido y satisfecho", **quédate ahí. No la dejes sola.** No te vistas, ni te vayas, prendas la televisión o te eches a roncar. En vez de eso, abrázala, bésala, acaríciala con ternura, dile al oído cuánto la amas, hazle saber cuán valiosa e importante es para ti. (Imagina que llegaras con tu esposa en coche a un destino, estacionaras el automóvil y te bajaras, pero ella se quedara con un gran paquete sobre las piernas, dentro del vehículo. ¿Tendrías la decencia y caballerosidad de abrirle la puerta y ayudarla a incorporarse, cargando el peso que le estorba y diciéndole que estás siempre a su lado para cuidarla? **¡Eso es exactamente el tiempo romántico, POSTERIOR al acto sexual! No lo omitas**). Después de hacer el amor, demuéstrale amor. Pero no porque lo diga el manual o te sientas obligado, sino porque de verdad la amas y gozas abrazándola.

PALABRAS PARA ELLA

Hija, le pedí a tu madre que te escribiera **DE MUJER A MUJER**. Algo de lo que hablaron. Para que no lo olvides. Así que en este momento me hago a un lado y le dejo a mi esposa el teclado de la computadora.

A ver, preciosa:

Todo lo que te hayan dicho o hayas aprendido sobre sexo en la juventud no te va a ser suficiente en el matrimonio. Aquí las cosas son distintas. Así que lee libros y platica con señoras que tengan muchos años de casadas; si son abiertas podrán aconsejarte con base en su experiencia, que es muy valiosa.

Para empezar, piensa que los hombres tienen un "depósito de semen" que se llena periódicamente y se vuelven como una olla exprés. Al asunto hormonal se le agrega el estrés y, como son tan poco sociables, se creen invencibles y no les gusta contar sus preocupaciones, suelen llegar a casa callados, sombríos, pero en el fondo deseando relajarse y olvidarse de los problemas. Si lo ves desde el punto de vista terapéutico, el tener relaciones sexuales hace que se liberen y duerman como bebés; así se sienten aceptados y amados. Aprende a disfrutar del contacto físico y aunque sólo tu marido tenga un orgasmo a veces, no te rasgues las vestiduras, ¡tampoco pasa nada!; tú podrás tener varios en el siguiente encuentro (o en el otro), y ¡así te pondrás al corriente!

Si quieres tener relaciones, a veces lo presentirás desde la mañana: sé sexi y provocativa al despedirte de él para que te recuerde así; mándale mensajes subliminales o atrevidos al trabajo. No olvides que si la última imagen tuya que tiene es de una fea desaliñada, y llega a la oficina y ve a la secretaria superarreglada y provocativa y muy atenta para prepararle un café, entonces créeme que en su cabeza traerá registrada la otra imagen. Atiende y duerme a los niños temprano y ten la casa limpia o al menos el lecho conyugal y ese día no te canses mucho, que no te encuentre agotada, sino contenta. Date tiempo y pídeselo a él.

La verdad es que muchas veces las parejas andan a toda prisa porque tienen sus prioridades de cabeza. Saben que van a hacer el amor y primero ponen las noticias, ven una película, hablan por teléfono, lavan platos, revisan su Facebook, mandan emails, se cortan las uñas, se quitan los pelitos de la nariz ¡y después, cansados y a toda prisa, se regalan las ridículas migajas del tiempo que les sobra! ¡Eso es un insulto al matrimonio! Cuando planeen tener relaciones, ¡no prendan la televisión, suspendan cualquier actividad que no sea de verdad urgente y métanse a su alcoba temprano! Ya en la habitación, tú como mujer, desinhíbete y usa todas tus técnicas de tigresa para satisfacerlo. El asunto es que también deberás trabajar en la cama, pues no se trata de que él haga todo; pregúntale sin pena alguna qué le agrada, hazlo sin llegar a practicar algo que te denigre. Habla abiertamente con él de los detalles de tu cuerpo y el suyo. Escúchalo y aprendan juntos. Arranca de tu mente paradigmas que te inhiban y goza tu relación al máximo. Construye con él ese mundo secreto de técnicas, juegos íntimos, palabras clave, en el que ambos son uno.

Ah, otra cosa: algunas mujeres chantajean al hombre con sexo. Eso me parece una vulgaridad. Si quieres obtener algo de tu marido o tienes ganas de darle una lección, mejor platica con él inteligentemente; no uses tu cuerpo como arma de manipulación dándole o quitándole sexo. La relación íntima no es para negociar cosas materiales o favores. Ocurre porque los dos se aman, se desean y tienen derecho a disfrutarse mutuamente, aunque haya otros asuntos pendientes que arreglarán después.

Bueno, podría escribir más, pero tu padre me está haciendo gestos como diciendo "haz tu propia carta; o libro".

Si quieres, después seguimos platicando. Te mando un beso.

Ya estoy de vuelta. ¿Te diste cuenta de por qué soy tan feliz en mi matrimonio?

Leyendo lo que mi esposa escribió sobre la secretaria y esas ideas, debo decirte que manteniendo una **vida sexual activa** con tu pareja es cuando más se te antojará tener sexo *con ella*... **pero también con otras**.

Muy pocos hombres casados logran ser fieles a sus esposas. Algunos "a calzón quitado" (la frasecita queda perfecta aquí), aseguran que no se puede.

PLATIQUEMOS DE ESO AHORA.

¿RENUNCIARÁS A TRAICIONARLA?

QUERIDO AMIGO:

Estamos a la mitad del camino. Ésta es la sexta de doce preguntas cruciales. Espero que lejos de sentir agobio, se haya despertado en ti la energía de los verdaderos hombres cuando son desafiados; porque los *hombrecitos* se amedrentan y achican ante los retos.

HABLEMOS DE OTRO TEMA FUERTE:

LA INFIDELIDAD.

Tú la sufriste desde la perspectiva de un hijo. Antes de sufrir maltrato emocional de un padrastro, conociste el dolor del niño que ve a su madre padecer por la traición. Es muy duro. Lo sabes. Pero no sólo te ha sucedido a ti. Según estadísticas, la mayoría de los niños y jóvenes han experimentado la misma pena. Hoy en día, muy pocos matrimonios se mantienen invictos ante esa situación.

Analicemos el tema del adulterio con el más estricto pragmatismo masculino. Usando lógica simple. Ningún argumento moralista. Sólo matemáticas. Dos más dos.

IMAGINA QUE TIENES DOS BILLETES.

El primero de **un** dólar y el segundo de **cien** dólares.

¿CUÁL TE GUSTARÍA PERDER?

En realidad, si tienes los dos, no quieres perder ninguno (porque los dos valen), pero si te ves forzado a deshacerte de uno por la fuerza, ¿con cuál te quedarías? Tendrías que ser imbécil para preferir conservar el de un dólar y perder el de cien.

Todo en la vida es cuestión de prioridades y valores. ¿Qué vale más? ¿Con qué me quedo y qué desecho?

EJEMPLO:

Un joven atleta que participa los sábados en competencias importantes para su trayectoria deportiva, ¿puede irse los viernes a bailar, tomar y desvelarse? ¡La actividad de los viernes es *incompatible* con la de los sábados! Si anhela ganar medallas de oro y consagrarse en el deporte, necesita renunciar a las fiestas, desvelos y amigos del viernes. Debe **elegir**.

ESTO ES PRIORIZAR.

Ojo: no estoy diciendo que sus amistades sean malas o moralmente inadecuadas. Tampoco estoy diciendo que la fiesta del viernes esté mal. No estamos haciendo ningún juicio, sólo estamos estableciendo que una actividad no es compatible con otra y que el joven debe renunciar a una de ellas.

AHORA HABLEMOS DEL MATRIMONIO. DE LO QUE SIGNIFICA:

Cuando un hombre se casa, renuncia a 3500 millones de mujeres que hay en el mundo. Parece un mal negocio perder tantas por una sola. Sin embargo, ***sólo renunciando*** puede abrir el abanico infinito de ganancias y satisfacciones que tendrá al forjar la historia de amor con la mujer elegida.

Todos necesitamos identificar cuál es el billete de cien y cuál es el de uno. Aunque los dos valen, es absurdo deshacernos del más grande para atesorar el pequeño.

CONOCÍ A UNA CHICA QUE HIZO ESO.

Era de buena familia; estudiante profesional. Se enamoró de un tipo sin oficio ni beneficio. A la vista de todos, el galán de la chica era pandillero, ignorante, rebelde, alcohólico, fachoso... Pero a la vista de ella era un muchacho bueno, digno de su amor... Los padres de ella le hicieron ver que el noviazgo con ese sujeto era incompatible con su proyecto de vida. Se lo dijeron:

—Si planeas graduarte en esa universidad, estudiar un postgrado en el extranjero y cimentar un hogar estable, debes renunciar a ese novio...

Ella protestó:

—¡Lo están discriminando por su apariencia! ¡Eso es injusto! ¡Mi novio vale mucho!

—Claro —respondió el padre—, todos valemos por el simple hecho de ser personas; no estoy diciendo que tu novio valga poco o que no valga, sólo que, en el contexto de tu vida, debes comparar el valor de ese noviazgo *para ti* con otros valores *tuyos* ¡y elegir! Porque no puedes tener todo.

La chica eligió: ¡dejó a sus padres!, renunció a su universidad, y se fue a vivir con el vago.

Eso se llama tener "valores tergiversados".

Como era de esperarse, le fue mal. Dos años después, regresó a su casa, herida física y emocionalmente; trayendo en brazos a un bebé. Arrepentida y lastimada por haberse equivocado.

TODO MUNDO HABLA DE LA "FALTA DE VALORES".

Pero yo soy ingeniero, y entiendo temas como éste desde el punto de vista numérico. Todo lo que nos gusta (aun lo llamado "profa-

no" por los moralistas) tiene un valor. Cualquier actividad *vale algo* en este mundo, y debemos hacer un análisis de cotizaciones personales para elegir. Porque en efecto no podemos tener todo. Cuando escojo un camino (el mejor, el más valioso, *a mi criterio*), renuncio a otros. No me es posible transitar en varios caminos a la vez.

¿Qué vale más para ti?

¿Sabes comprometerte con tus elecciones y renunciar a todo lo que no es compatible con ellas?

UNOS AMIGOS ME INVITARON A HACER NEGOCIOS.

Sugirieron que fuéramos a tomar una copa a cierto club privado en el que las mujeres se desnudan y bailan sobre la mesa. Al proponerme el plan, parecían entusiasmados, casi excitados.

Te mentiría si te digo que no se me antojó.

Claro, tengo hormonas e instintos y puedo imaginarme lo placentero que sería ver a tantas mujeres desnudas agitando sus turgencias frente a mí.

¿LA AVENTURA DEL *TABLE* TENÍA UN VALOR?

¡Por supuesto! Si no lo tuviera, no sería tan popular. Miles de clientes atiborran los burdeles cada día. Lo sé porque yo mismo fui alguna vez. Hace años un compañero de trabajo me invitó ¡y yo me dejé llevar!; no me jaló por la fuerza ni me obligó; fui porque quise. Lo acompañé un par de veces. Y me gustó. Pude comprobar la dulzura del desliz, pero después *tuve una terrible cruda moral*. Ni soy santo ni eunuco. De hecho, cuando recientemente mis socios potenciales me invitaron al *table dance* y me vieron dudar, se burlaron.

—¡Te falta *testosterona*!

—En eso se equivocan. Me sobra —contesté.

—¿No te gustan las mujeres?

—Me fascinan. Por eso tengo una para mí.

—¿Entonces?

Dudé al contestar porque no quería que esos amigos me vieran como un mojigato, pero en realidad estábamos hablando de matemáticas. Así que me atreví.

—Hace tiempo aprendí que excitarme con otras mujeres desnudas es como faltarle al respeto a mi esposa; también mis hijos se sentirían decepcionados.

Ellos se rieron:

—¡Ni tu esposa ni tus hijos se van a enterar! No seas ingenuo. Esto se queda entre nosotros.

—Lo sé. Es nuestra "travesura secreta"… El problema es que yo no le guardo secretos a ella. Y aunque tratara de hacerlo, ella lo descubriría. ¡Me lee la mente! Además yo soy su esposo y quiero honrarla veinticuatro horas al día, me vea o no me vea… También soy padre de mis hijos y quiero darles buen ejemplo aunque no estén ahí.

—No te pongas pesado, caray. Sólo vamos a divertirnos un poco… como todos los hombres.

—Lo sé. No me malentiendan. Se me antoja mucho aceptar su invitación, pero simplemente creo que mi riqueza no radica en el dinero, sino en saber que soy alguien en quien se puede confiar. Si por ganar dinero tuviera que romper mis promesas de lealtad, tarde o temprano la gente que más me importa dejaría de creer en mí. Eso sería el peor negocio de mi vida.

Aquel grupo de amigos se decepcionó por mi respuesta. Nuestra sociedad se malogró. Perdí dinero, pero como entiendo que *todo es cuestión de cifras*. **¿Qué vale más?** ¿La fortaleza de mi matrimonio o la belleza de una noche de copas y unos billetes aderezados con cuerpos (hermosos, aceitosos y turgentes) de mujeres ajenas? Las cosas son como son y sólo es cuestión de elegir. El billete de un dólar o el de cien. Lo importante es entender que una opción siempre vale más que otra y cuando son incompatibles *no se puede tener las dos*.

Observa que no estoy diciendo "esos amigos no valen nada" o "el *table dance* es algo repulsivo y antimoral". Todo vale *algo*, pero de nuevo, **¿qué vale más para ti?**

¿QUÉ ELIGES CUANDO NADIE TE VE?

Las personas somos lo que hacemos en secreto.

Cada decisión implica una renuncia. ¡Y renunciar duele!

Quien decide tener una familia, debe aprender a renunciar.

Así que te pregunto:

¿SI TE CASAS CON MI HIJA, RENUNCIARÁS A TRAICIONARLA?

Podemos adornar **el matrimonio** con muchos epítetos, pero esencialmente se trata de **UN PACTO DE *FIDELIDAD*.**

Por eso el matrimonio "abierto", en el que se intercambian parejas o en el que ambos se permiten acostarse con otras personas, es un disparate enfermizo y disfuncional. La infidelidad de cualquier tipo (aunque sea divertida y tenga un atractivo fugaz) es incompatible con los valores sustanciales de un hogar sano. Chocan y tarde o temprano explotan en pedazos.

> Hace años conocí a un médico cirujano que había fracasado como hombre. De hecho, nunca he visto a alguien tan devastado.

ME CONFESÓ QUE ERA SEROPOSITIVO.

> Portador del virus VIH.
>
> Lo más grave era que el sida no se le había desarrollado *a él,* pero sí a su esposa. Ella estaba en etapa terminal.
>
> —Yo la contagié; sólo le fui infiel una vez —dijo—; me acosté con la jefa de edecanes del congreso anual para cirujanos. No pude resistirlo, era una modelo preciosa; cuando supe que me contagió sida, la busqué para reclamarle, y encontré a una moribunda. Ahora me siento el hombre más vil de la tierra; no puedo explicarle a mis hijos que su mamá va a morir porque yo me acosté con otra mujer.

ES UN EJEMPLO EXTREMO. POCO COMÚN.

Son mucho más frecuentes los casos en los que *simplemente* el esposo contagia a su mujer de sífilis, gonorrea, herpes, virus papiloma, o los que, sin contagiarle nada físico, las llenan de tormentos espirituales al *hacerse uno* con alguien más.

También abundan los casos de *hombrecitos* que embarazan a otras damas, o mantienen "casas chicas" con amantes temporales.

Piensa esto:

No es hombre quien tiene varias mujeres a las que usa y ofende, sino el que tiene UNA a quien cuida y enaltece, y sabe hacerla feliz.

SÉ QUE NO ERES PROMISCUO.

Pero cuando estés casado tendrás demasiadas tentaciones.

Hallarás más de una mujer que querrá seducirte, aprovechando el estatus que tu esposa te ha ayudado a lograr.

Ahora no eres atractivo para esas damas. Pero lo serás cada vez más, porque el matrimonio con una buena mujer te hará crecer y brillar.

Cuando tengas oportunidades de ser infiel a tu reina (las tendrás, te lo aseguro), recuerda que *eres quien eres, gracias a que ella ha sumado valor a tu persona*.

El adulterio es **ALTA TRAICIÓN** porque no sólo le mientes a tu compañera y mejor amiga, sino que **le robas lo que ella te dio para ofrecérselo a otra**...

El que quiera un hogar deberá pagar un precio de *prioridades y renuncias*. Algo que los *hombrecitos* no pueden hacer. Es un privilegio de los **HOMBRES-HOMBRES**.

Se necesita mucha *testosterona* para ser fiel. Espero que la tengas.

PALABRAS PARA ELLA

Las mujeres casadas tienen una belleza extraña. El brillo único que baña el rostro de quien ha sabido realizarse a pesar de mil adversidades. Muchos hombres se deslumbran al verlo. Cada vez serás más atractiva. A tus nuevos pretendientes no les importará que estés casada. Incluso les parecerás más fascinante al saberte con "experiencia". Algunos de ellos se meterán sutilmente a tu vida mostrándote la fachada de una amistad pura e inocente. Y a ti te gustará. Te sentirás halagada de que ese "buen amigo" te valore. Pero ten cuidado. Estarás jugando con explosivos. Aprende a poner barreras tajantes en cuanto sospeches que alguien te está coqueteando. Las estadísticas dicen que un altísimo porcentaje de hombres cometen infidelidad. Pero no nos hagamos tontos: ¿con quiénes lo hacen?, ¿con marcianas? ¡Por supuesto que con mujeres, muchas de ellas también casadas! Es una epidemia de grandes dimensiones. Si pocos matrimonios sobreviven a la traición de un hombre infiel, casi ninguno supera la de una mujer que resbala. Mantente alerta, y si alguna vez sientes una legítima tentación, detente y piensa qué vale más. No pierdas tu billete de 100 por quedarte con el de 1. La MUJER-MUJER también sabe comprometerse y renunciar.

Tus elecciones de valor te ayudarán a labrar los mejores caminos, pero también serán el modelo para tus hijos. Si llegas a tenerlos, ellos te observarán e imitarán en todo.

Es maravilloso... Y aterrador.

COMO ENTENDERÁS EN SEGUIDA.

¿TENDRÁS LAS AGALLAS PARA SER BUEN PADRE?

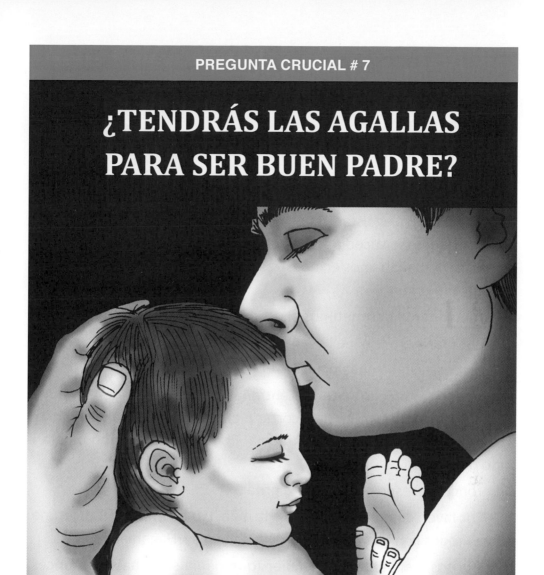

HABÍA UNA VEZ UN GUSANO.

No quería meterse al capullo. Le dijeron que su cuerpo se desintegraría para transformarse en otro más pequeño, pero con alas. ¿Qué

---

sentido tenía pasar por ese terrible trauma, si vivía tan cómodo comiendo hojas en las ramas del árbol?

YO FUI ESE GUSANO.

Antes de tener hijos, todo lo veía en dos dimensiones monocromáticas; lo único que alcanzaba a vislumbrar en el horizonte era la luz de mis metas egoístas. Sólo *YO* importaba. A mi esposa le sucedía algo similar, y juntos nos acompañábamos en nuestras jornadas de egocentrismo.

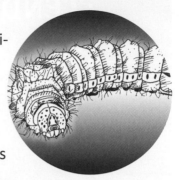

Pero una tarde nos metimos al capullo.

El quirófano era frío. Se llevaba a cabo una cesárea de emergencia.

Mi esposa estaba en la plancha. Consciente.

Cuando le arrancaron de sus entrañas el cuerpecito de ese huésped, y el doctor lo levantó para cortarle el cordón umbilical, nos dimos cuenta con terror de que no se movía. El bebé había nacido o paralizado o muerto.

Entonces mi esposa comenzó a gritar.

—Por favor, doctores, atiendan a la niña. ¡Yo no importo!, déjenme. ¡Vayan todos con ella! Ayúdenla a vivir. Véanla. ¡Háganla respirar!

Los gritos y el llanto de la mujer (que había sido, hasta entonces, mi compañera, mi socia, mi mejor amiga, mi amante), *me estremecieron…* ¡Ella estaba dispuesta a dar la vida por ese pequeño pedazo de carne con forma humana que había dado a luz! ¡Clamaba y exigía las atenciones necesarias para que el bebé sobreviviera, aunque ella no lo hiciera! En pocas palabras, vi a **mi esposa** (compañera, amiga, socia, amante) convertirse en *mamá*. *Y la metamorfosis me asustó*.

Milagrosamente, al fin, la niña comenzó a llorar; compensando la falta de aire inicial se debatió berreando como un volcán en erupción; la acercaron a su madre, quien tocó con su frente la cabeza de la pequeña y comenzó a hablarle. Le dijo:

—Hola, princesa. Soy tu mamá. Ese señor que está en la esquina, temblando, es tu papá. Queremos decirte que eres bienvenida, te amamos y vamos a tratar de ser los mejores padres del mundo. De ahora en adelante haremos todo lo que podamos por hacerte feliz.

Para asombro mío y de los médicos, la niña dejó de llorar y puso atención a las palabras que escuchaba, como si entendiera o reconociera esa voz.

ENTONCES LA METAMORFOSIS ME ALCANZÓ A MÍ.

Mi espíritu se deshizo para rehacerse. Me convertí en *papá*. Y dolió. Y todo cambió para siempre. Vi por primera vez el mundo en tres dimensiones, y la luz de mis metas egoístas se desvaneció. Ahora todo tenía otros colores. Mi hija brillaba sobre cualquier proyecto. Comprendí que ninguna empresa, negocio, obra creativa o labor era tan importante como el privilegio y la responsabilidad que Dios estaba depositando en mí ese día.

La niña fue prematura y estuvo en incubadora. Yo me desvelaba hablándo-do a través del vidrio, contemplándo-la, llorando de asombro; aguantando la respiración por el éxtasis de verla respirar.

Varios días después mi reina y yo salimos del hospital con la peque-ña en brazos, y nos dimos cuenta de que nuestra relación de pareja había cambiado de raíz. Ya no éramos sólo esposos. *Éramos papás...*

Ahora el lazo que nos unía tenía nombre, piel, y un complejo siste-ma *cerebral,* totalmente en blanco de "ideas y sentimientos", para que escribiéramos en él lo mejor de nosotros.

Si eres inteligente y sensible, el nacimiento de un hijo te cambiará la vida. Entenderás (por fin) para qué has estudiado tantos años, para qué has trabajado como esclavo, para qué has querido ganar dinero y cómo lo vas a usar.

HAY QUIENES DETESTAN A LOS NIÑOS.

O los consideran estorbos.

Algunos hombres viven "soportando" a sus hijos, llevándolos a cues-tas, y hasta los abandonan física o moralmente. Esos sujetos ni siquie-ra alcanzarían el calificativo de *hombrecitos*. Son gusanos que nunca quisieron meterse al capullo. Jamás maduraron. Pregonan cuán caro es mantener a un hijo y se quejan siempre, ¡pero ningún dinero podría pagar el cúmulo de beneficios y riqueza moral que cada uno de los hijos trae a tu vida! Aunque mi esposa y yo criamos tres, ¡hubiéramos querido cuatro o más! Porque el dinero que ganamos tiene sentido gracias a ellos y perdería todo su sentido si no existieran.

> Conocí a un hombre millonario cuyo hijo, adolescente, falleció.
>
> Este amigo se paró junto a mí en medio de su finca llena de jar-dines y canchas deportivas; llorando me dijo: "¿Para qué quiero todo esto si ya no está él?".

La metamorfosis de ser padre es un reto de valientes.

Entiendo que NO SIEMPRE SE PUEDE lograr, *aunque se quiera*. Pero si tú y tu esposa lo consiguen...

¿TENDRÁS LAS AGALLAS PARA SER BUEN PADRE?

AHORA, NO TE CONFUNDAS.

Recuerda que el mejor regalo que le puedes dar a un hijo es amar a su mamá.

Aunque tu hijo sea prioritario, por encima de tu negocio, trabajo o profesión, nunca debe serlo por encima de tu esposa. (Lo mismo deberá entender ella). **Si ustedes están bien como pareja, sus hijos estarán bien como personas**.

Y ESO SE CONVIERTE EN FENÓMENO CIRCULAR.

Al amar a sus hijos, se amarán más entre ustedes.

Dijo Antonie de Saint-Exupéry: "Amar no es mirarse uno al otro, es mirar juntos en otra dirección". Y Anthony de Mello: "¿Qué debemos hacer para que nuestro amor dure por siempre? El maestro contestó: Amen juntos otras cosas".

Ella te admirará más que nunca cuando te vea cuidar a los niños, porque al hacerlo la estarás amando a ella en un nivel más profundo.

DISFRUTA A TU ESPOSA CUANDO ESTÉ EMBARAZADA.

Durante la gestación, el cuerpo de la mujer cambia, se pigmenta en algunas partes, se engrosa en otras, después queda con estrías, pero hay una hermosura excelsa en el proceso; ¡vislumbra esa belleza única! ¡Permanece junto a ella en alianza y complicidad! Aunque el milagro de ser padres implica una transformación en la que ella sufre el mayor desgaste, necesita contar contigo para apoyarse, porque **dar a luz no es un asunto de mujeres, sino de pareja**. ¡Dentro de su cuerpo se formará el hijo *de ambos*!

Cuando nazca el bebé, tal vez ella caerá en depresión. Hazla sentir más amada que nunca. Susténtala. Exáltala. Deja que llore en tu hombro. Abrázala mucho, consiéntela y ayúdale con el niño. No la dejes sola por las noches. Aprende a cambiarle el pañal al bebé y a darle de comer. Eso no te hará menos hombre. Al contrario. ¡Juega con tu pequeño, estimula sus sentidos, báñate con él, acaricia su piel, ponle música, muévelo, háblale como si te entendiera, trátalo con respeto y amor! ¡Acompáñalo en su crecimiento día a día! **No** te desentiendas de él ni un solo día.

¿QUIERES SER UN BUEN PADRE? HAZ ESTO:

- ✓ Explícale a tu hijo todo lo que sabes de la vida. Desde lo más nimio hasta lo más profundo.

- ✓ Nunca lo lastimes físicamente. ¡La mano que acaricia no golpea!

- ✓ Enséñalo desde pequeño a hablar, negociar y expresar sus sentimientos o razones.

- ✓ No le permitas que obtenga las cosas a base de berrinches.

✓ ¡Prémialo cuando proteste con buena lógica!

✓ Felicítalo si te expone argumentos respetuosos, aunque eso ponga en evidencia un error tuyo.

✓ No le permitas que deje a medias los proyectos. Enséñalo a cerrar ciclos, a terminar lo que empiece.

✓ Ayúdalo a lograr sus metas.

✓ Haz que se acostumbre a las mieles del éxito y al reconocimiento público por hacer bien las cosas.

✓ Si se equivoca, dale la mano, enséñalo a levantarse y a contraatacar.

✓ Haz que capitalice la experiencia de sus errores, que aprenda cada día cosas nuevas, y pídele que te diga lo que aprendió.

✓ Así como lo harías con tus empleados en un sistema empresarial, ponle a tu hijo reglas claras que pueda seguir. Asegúrate de cubrir las cuatro áreas básicas de la educación:

- **REGLAS DE RESPETO**: No usar lenguaje soez, no burlarse, no insultar, no golpearse entre hermanos, no poner apodos, no gritarse, no amenazarse.

- **REGLAS DE UNIÓN Y COMUNICACIÓN**: Pasar tiempo juntos en la familia, tener al menos un día entero reservado para convivir, ayudarse en los proyectos individuales, escucharse y apoyarse.

- **REGLAS DE PROSPERIDAD**: Trabajar con responsabilidad, estudiar con diligencia, ayudar en las labores domésticas, ser limpio, ordenado, afanoso, productivo.

- **REGLAS DE SEGURIDAD**: Elegir bien a las compañías, no hacer cosas temerarias, no consumir alcohol ni drogas, tomar precauciones en materia de horarios, lugares y actos.

✓ Nunca lo regañes o castigues porque te sientas de mal humor. Llámale la atención sólo en los casos en que él haya desobedecido las normas que previamente estableciste (jamás con gritos o insultos). Así que, amigo, si no te diste el tiempo para explicar las reglas, tampoco tendrás la calidad moral para regañar. Pero si creaste y enseñaste normas, exige su cumplimiento.

✓ Cuando te veas obligado a llamarle la atención a tu hijo por la *desobediencia*, déjalo reflexionar un tiempo (una hora puede ser suficiente) y después acude a él para hablarle frente a frente. Hazlo con amabilidad. Enfatízale la importancia de seguir las reglas en los juegos de la vida, dile cuánto lo quieres y la forma como admiras sus virtudes y bondades. Escucha lo que tiene que decir. Reconoce si te equivocaste. Cierra cualquier herida que le hayas hecho al regañar. Levántalo y empújalo al camino del bien.

✓ Sé paciente con él. ¡Muy paciente!

TEN LAS AGALLAS PARA SER UN BUEN PADRE.

En toda esta carta nunca he usado un término que alude a los *testículos* como forma de valor o masculinidad; más que aquí. Las agallas son unas bolas que le salen a los árboles, y que no pueden faltarte, en su versión varonil, si decides ser papá. Porque a cualquiera le gusta la actividad de *hacer hijos*. Pero *ser papá* es otra cosa. No cualquiera. Sólo los **HOMBRES-HOMBRES**.

SÉ PARA TUS HIJOS...

- Un **maestro** comprensivo y preparado.
- Un **líder** congruente y admirable.
- Un **proveedor** de recursos económicos e intelectuales.
- Un **protector** que pone escudos para que otros no los dañen.
- Un **amigo** en quien se pueda confiar.

Verás que nada en la vida se compara con el placer moral y el privilegio humano más grande que puede experimentar el hombre cuando se sabe buen papá.

♀ PALABRAS PARA ELLA

*Hija, si casarte es una decisión importante, embarazarte es otra mayor. Pero no tengas miedo. La maternidad le inyectará intensidad a tu vida. Te embellecerá **de adentro hacia afuera**. Aunque, sí, experimentarás una metamorfosis, conservarás tu esencia y belleza. Muchos dicen que todo cambiará y tus metas de antes se desvanecerán para dar paso a otras. ¡No es cierto! **Seguirás siendo la misma, pero engrandecida**. Tus aspiraciones, sueños y gustos no se tras-*

tocarán. Al contrario. Verás con asombro que puedes ser tú, ¡y a la vez dar vida y amor al nuevo ser! ¡Te sorprenderás por aquello de lo que eres capaz! Comprobarás que puedes estirarte y doblarte sin romperte y que mientras más des, más te llenarás y más tendrás.

Si algún día tú y tu esposo deciden ser padres (y les es concedido el privilegio), verán que ninguna otra decisión será más trascendente, y su vida se llenará de nuevas emociones.

Como líder, tú serás la fuente de felicidad...

La **FELICIDAD** será tu logro más importante. Y el clímax de nuestra charla.

EN SEGUIDA.

¿SERÁS UN LÍDER DINÁMICO Y DIVERTIDO?

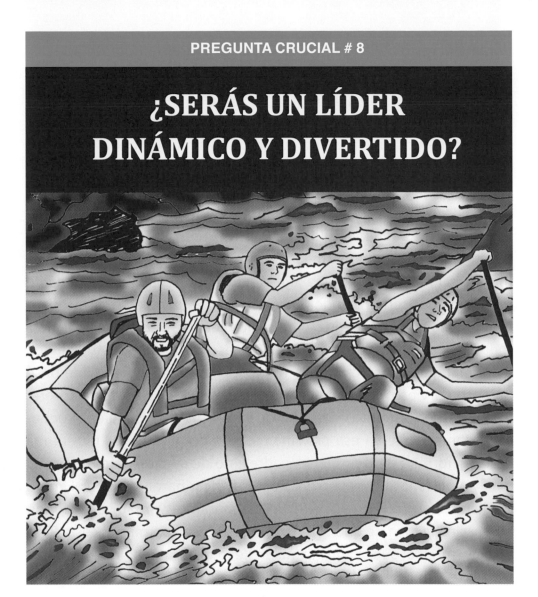

HOY ME HABLASTE POR TELÉFONO A LA OFICINA.

Yo estaba en una junta. Aunque pude solicitar un receso para atenderte, preferí pedir que me llamaras más tarde. No pude concentrarme durante el resto de la reunión. Mis colaboradores lo notaron. Me disculpé y regresé a mi despacho para escribir.

Sé, por mi hija, que quieres ir a nuestra casa para charlar sobre tus planes de matrimonio. Ella ya tiene un anillo. Pero no he terminado este documento y me gustaría que me dieras más tiempo. Aunque de hecho nadie, más que mi esposa, sabe que lo estoy escribiendo. Me preocupa cuál será tu reacción cuando te lo dé. Inicialmente sólo pensaba redactar una carta concisa en hojas bond. ¡Pero está resultando todo un libro! Suena intimidante. Pensar que mi suegro me hubiera escrito un libro para ponerme los puntos sobre las íes antes de casarme con mi reina, me enchina la piel. Imaginar al papá de la novia de mi hijo menor sentenciándolo por escrito, me parece un atrevimiento intolerable. ¡No sé si estoy haciendo bien! Tal vez debería destruir todo esto y confiar en ti. Y en ella. Por eso cuando recibí tu llamada y entendí que se acerca el día en que me pedirás su mano, me puse un poco nervioso. Tengo mucho que decirte… y no sé si me atreveré. Además, todo es tan confuso, porque ¡son *tus padres* quienes deberían acompañarte en esa próxima reunión para que ellos hicieran la petición formal! Pero no tienes padres; no de sangre. Sólo me tienes a mí y a mi esposa. Dos personas que se encariñaron contigo al grado de darte su abrigo y apoyo tutelar. Qué maraña, ¿verdad? En el fondo me fascina la idea de que seas tú quien se case con mi princesa. Pero a veces surge el suegro que también llevo dentro y me dan ganas de sacudirte mirándote a los ojos para decirte: ***¡Cuídala bien, suertudo!***

No has vuelto a llamar. Así que voy a seguir escribiéndote.

La octava pregunta.

¿SERÁS UN LÍDER DINÁMICO Y DIVERTIDO?

Liderazgo es **INFLUENCIA** e **INICIATIVA**. Un líder transmite dogmas y significados. Influye en su esposa e hijos.

GRAN PARTE DEL AMBIENTE DE LA CASA LO PONDRÁS TÚ.

Si, por ejemplo, odias a determinada etnia, partido político o personaje, ¡todos se contagiarán de ese odio! Pero si amas la vida y generas ideas entusiastas en la adversidad, ¡todos tenderán a ser optimistas!

☺ ¿Tomarás decisiones rápidas e inteligentes?

☺ ¿Guiarás a tu gente por el mejor camino?

☺ ¿Serás valiente y no titubearás?

☺ ¿Organizarás itinerarios divertidos para tu familia?

☺ ¿Harás propuestas de convivencia sanas?

☺ ¿Te mantendrás alegre cuando las cosas se compliquen?

☺ ¿Hallarás y compartirás una enseñanza en todo problema?

☺ ¿Generarás un ambiente afable, comprensivo y agradable?

ERA VIERNES EN LA NOCHE.

Una amiga de mi esposa la llamó para invitarnos al teatro.

—Me regalaron cuatro boletos —dijo—. ¿Quieren acompañarnos? —aceptamos de inmediato—; pasamos por ustedes en una hora.

Mi reina y yo nos arreglamos. Siempre que podemos salir a divertirnos, lo hacemos. Pero noventa minutos después de la llamada, nadie había pasado por nosotros. Al fin, nuestros amigos llegaron. Tarde. Muy tarde. Cuando nos subimos a su auto percibimos la tensión.

—¿Tuvieron algún problema? —pregunté—, no creo que logremos ver el primer acto de la obra.

—¡Perfecto! —dijo el hombre manejando con brusquedad—, mi esposa sabe que *odio el teatro*. Pero siempre está *fregándome* (en realidad usó otra palabra más sucia) para que la lleve. Detesto las butacas pegadas a mis rodillas, los tumultos; sentarme dos horas a escuchar estupideces.

—A ti no te gusta el teatro —se defendió la mujer, quien parecía haber llegado al límite de su paciencia—, pero tampoco el cine, ni las fiestas con amigos, ni las reuniones familiares. Siempre estás enojado, de mala cara, encerrado en tu concha como crustáceo venenoso.

El tipo dio un frenazo que nos sacudió. Abrió la portezuela.

—¡Yo aquí me bajo! ¡Vayan ustedes al teatro!

Echó a caminar por la calle. Su esposa lo siguió suplicándole que no se fuera. Discutieron en la banqueta. El hombre manoteó y gritó. Ella agachó la cabeza. Pidió perdón. Lo tomó de la mano y lo jaló de vuelta. Finalmente, el tipo se volvió a meter al coche y manejó en silencio. Su esposa lloraba. Después de un rato él preguntó:

—¿A dónde rayos vamos?

—Al *Teatro Virreyes*, amor. Ya te lo había dicho.

—¿Y dónde está ese maldito lugar? No sé la dirección.

—Yo tampoco.

Puse mi GPS y le pasé el teléfono. Pero tampoco a nosotros nos apetecía llegar.

La escena que vivimos fue una muestra perfecta de lo que ocasiona un líder amargado, quejoso y aguafiestas.

HAY MUCHOS.

Abundan *hombrecitos* que usan el **mal humor** como estrategia de aislamiento, pero lo único que logran es inspirar lástima. Son tontos que dicen tener demasiado trabajo y **usan la excusa de ser víctimas** para meterse a sus conchas de tortugas ejecutivas, desentendiéndose del resto del mundo. Nunca proponen nada edificante ni divertido a su esposa e hijos. De hecho, cualquier diversión les parece nimia y enfadosa; se limitan a aislarse en la familia gritando que **todo está mal.**

Algunos hombres, aunque tengan la misma edad que sus esposas, parecen ancianos al lado de ellas. Su sedentarismo los avejenta y los convierte en una carga para la familia.

He visto tipos grandulones (en realidad *hombrecitos*) que cuando se lastiman un dedo, dramatizan, gritan para que les traigan un curita y se van a acostar porque les duele mucho. Que cuando tienen un pequeño desacuerdo con alguien también dramatizan, se alejan y no le vuelven a dirigir la palabra. Sujetos que están buscando cualquier pretexto para sacar las uñas, gruñir, hacerse los mártires, aislarse y moverse lo menos posible. Porque si se fingen enojados o enfermos, todos se alejarán y ellos podrán sentarse en el sillón a descansar.

Los conoces. Son una ***subespecie varonil*** que ha invadido el planeta.

TÚ ERES DIFERENTE.

Amigo, muévete y genera acción; ejercita el cuerpo y la mente sin cesar; motiva a los demás para que también se muevan.

PORQUE EL MOVIMIENTO ES JUVENTUD.

Los jóvenes juegan más, ríen más, hacen más el amor, exploran más, caminan más. Los ancianos, en cambio, son sedentarios (y esto no tiene nada que ver con la edad o con las condiciones físicas). La juventud es vida y alegría, mientras que la vejez, como concepto, es muerte y depresión. El buen líder se mantiene joven, es decir, dinámico: mueve sus músculos y sus neuronas.

En el **aspecto mental**, verás en las universidades a catedráticos de ochenta años lúcidos y sabios, porque nunca han dejado de usar su cerebro; mientras que, en asilos, verás a señores de sesenta que se han vuelto muy lerdos porque dejaron de pensar.

En cuanto al **físico**, verás en las carreras de atletismo a hombres fibrosos y fuertes de setenta años que hacen mejores tiempos que muchachos de veinte.

NUNCA LO OLVIDES:

El líder constructivo es dinámico y divertido. ¡Qué privilegio tendrás al poder preparar actividades amenas para tu esposa e hijos!

¡PROPICIA LA FELICIDAD EN TU HOGAR!

No te cruces de brazos ni tuerzas la boca cuando algo te disguste. Mejor arregla las cosas que están mal. Y si no se puede, ¡ignóralas!

Sé perdonador. Sé conciliador. No te quedes con malentendidos ni conserves cuentas por cobrar; mejor aclara los disgustos de inmediato y deja de guardar rencores. Sé menos rígido, menos cuadrado, más ligero de ánimo. Si ya estás en una fiesta, ¡ríete y charla! Si ya estás en un restaurante, ¡disfruta el platillo que te sirvan! Si ya te subiste a la montaña rusa, ¡levanta las manos! Haz bromas sanas. Disfruta la vida y enséñale a tu familia a hacer lo mismo.

Pero no uses agentes artificiales para ser feliz.

Por ejemplo, **rechaza tajantemente el alcohol**.

NO NECESITAS EMBRIAGARTE PARA ESTAR CONTENTO.

Tampoco tu esposa. Ni tus hijos. Sé que éste es un punto delicado, pero recordando el concepto de **prioridades y renuncias**, debes comprender que el **valor** de la bebida es incompatible con el **valor** de tener una familia sana. Y no es cuestión de moral o ética. Sino de dos más dos. Otra vez.

HABLEMOS CLARO:

Muchos hombres disfrutamos (me incluyo) la **cerveza bien fría** en los días soleados, **el buen vino** en una comida y la **copa de güisqui o brandy** en una noche de fiesta. ¿Tiene algo de malo? ¡Por supuesto que no! El alcohol es un relajante nervioso. No hay nada de malo en él. Mas, por otro lado, todos hemos sido testigos de familias deshechas por culpa del alcohol. ¡Tú has notado la forma en que un hombre se va acostumbrando a la bebida hasta adquirir más y más tolerancia! ¡Sabes cómo se transforma el temperamento de alguien cuando toma!, ¡de qué manera se daña a sí mismo y lastima a sus seres queridos! Además, un joven habituado a tomar alcohol tiene muchas veces más probabilidades de probar la droga que un joven abstemio.

Así que por más que te guste beber, entiende que el HOMBRE-HOMBRE renuncia a meter alcohol a su hogar: no toma o lo hace lo menos posible. No le enseña a tomar a su mujer ni a sus hijos.

ES CUESTIÓN DE PONER PESOS EN LA BALANZA.

Propicia la felicidad en tu casa sin drogas ni alcohol.

Sonríe mucho. Sé una mujer alegre. No uses el alcohol para buscar felicidad falsa o relajamiento tóxico. De preferencia sé abstemia de bebidas etílicas, pero embriagada de dicha natural. **Actívate y practica el dinamismo sano. No seas una mujer sedentaria, lenta, inútil y torpe que prefiere quedarse a ver las telenovelas o a comer pastelitos con sus amigas chismosas. No seas de las que retrasan a todos porque tardan horas en arreglarse, salen de mal humor y sabotean cualquier plan divertido porque nada les gusta.** *¡Que tu alegría se contagie!* **¡Si tu esposo te invita al baile, sigue la música y déjate llevar! Si no te invita, susúrrale al oído que sería buena idea salir a la pista. Aconséjale con entusiasmo gozoso. Incítalo a moverse. Cuando tome la iniciativa dale todo el crédito públicamente (aunque la idea haya sido tuya). Apóyalo en su liderazgo. Tu esposo será mejor líder si tú lo acompañas en sus aventuras. ¡Hazlo!**

CONSTRUYE UN MATRIMONIO ACTIVO.

Compitan juntos en un deporte. ¡Hagan mucho el amor!, ¡salgan a correr juntos!, ¡tomen clases juntos!, ¡den clases juntos!, ¡trabajen con pasión! Disfruta el privilegio excepcional que sólo puede brindarte el saber que eres para tu familia un líder dinámico y divertido.

¡Un **LÍDER-LÍDER**!

El tipo de líder que no abandona el barco cuando hay tormenta.

HABLEMOS DE ESO AHORA.

¿TE QUEDARÁS CUANDO HAYA TORMENTA?

EL CRUCERO LLEGÓ A UN PUERTO DEL CARIBE.

Desembarcamos. Atravesamos la calle y nos formamos en una fila para abordar una furgoneta de turismo que nos llevaría al centro de la

---

Carlos Cuauhtémoc Sánchez

isla. La guagua era vieja. Tenía capacidad para veinte personas y subieron veintiséis. A la mitad del camino ocurrió un estallido. De momento nadie supo qué pasó. Después lo entendimos: ¡el motor se estaba incendiando! Un humo negro y espeso invadió el frente del ómnibus. Lo que ocurrió después nos dejó aterrorizados: el conductor se bajó del vehículo y cerró la puerta para que ninguno de sus pasajeros escapáramos sin pagar. Trató de sofocar el incendio abriendo el cofre y agitando un trapo frente a la máquina en llamas. El humo empezó a meterse al vehículo por el tablero. Los pasajeros comenzamos a toser. Estábamos encerrados.

¡Temimos que las llamas sin control alcanzaran el tanque de gasolina y todos voláramos en pedazos! Por supuesto, el conductor se salvaría. Estaba afuera.

No hay escenario más vergonzoso y obsceno que ver a un capitán desertar. Las reglas de navegación dictan que el dirigente debe permanecer en el barco, con su tripulación y pasajeros, *aunque haya tormenta*.

Las familias atraviesan muchas.

¿Sabes cuál es el verdadero mérito de las parejas que celebran sus bodas de oro o plata? Haber permanecido juntos **a pesar de los malos tiempos**. ¡Ellos son verdaderos sobrevivientes de tempestades!

TE PREGUNTO: ¿QUÉ ES MÁS LOABLE?

¿Llegar a los setenta años de edad, casado con la misma mujer o llegar divorciado de tres?

¡Obvio!

¿Entonces significa que divorciarse está mal, y que debemos aguantar cualquier sufrimiento dentro de una relación disfuncional en aras del contrato civil o religioso?

Mmmh...

Esto parece complicarse. Pero en realidad es simple.

ACLAREMOS DE UNA VEZ EL ASUNTO DEL DIVORCIO.

Nadie debe permanecer casado por la fuerza.

El amor forzado es una violación de la libertad.

Si te casas, lo haces porque estás enamorado, eliges libremente a una pareja, *crees en la familia,* estás dispuesto a entregar todo a tu cónyuge e hijos (si llegas a tenerlos), y sabes que habrá etapas difíciles, pero no al grado de verte obligado a vivir en un infierno.

El divorcio nunca es deseable, pero sí necesario cuando ocurren las llamadas **TRES CONDUCTAS INTOLERABLES**:

1. VIOLENCIA. 2. INFIDELIDAD. 3. ADICCIONES GRAVES.

Dependiendo de los matices, intensidades y frecuencia de las **TRES CONDUCTAS INTOLERABLES**, primero será necesaria la separación temporal, porque permitirá a ambos un espacio para poner en orden sus prioridades; valorarse, reconocer sus malos hábitos y reorganizar sus vidas internas. Esto, aunado a ciertas ayudas externas como terapias, tratamientos o retiros de desintoxicación, ayudará a que las **CONDUCTAS INTOLERABLES** se atenúen y la pareja quizá pueda unirse de nuevo. Pero si el mal persiste, será necesaria la separación definitiva.

Visto así, el divorcio es fácil de entender.

¿Pero qué pasa cuando no existen **violencia, infidelidad o adicciones graves**?, ¿cuando los problemas suceden por cosas triviales, casi cotidianas?

¿TE DOY EJEMPLOS?

¿Por qué invitaste a esos amigos que detesto? ¿Por qué gastas tanto dinero? ¡Olvidaste lo que te pedí; nunca te acuerdas de mis encargos! ¡Quiero salir de viaje! ¡Pues yo prefiero quedarme en casa! Me fastidia la rutina. ¡Siempre comemos lo mismo! No tienes imaginación. ¡Todos los domingos visitamos a tu madre! ¡No soporto a tu familia! ¡Quiero cambiarme de iglesia; me aburre la que te gusta! ¡Esta Navidad la pasaremos con mis padres! ¡Entonces irás solo y me dejarás a los niños! ¡Los niños casi no conviven con sus primos "de mi lado"! ¡Me hiciste quedar mal en la reunión! ¡Me contradijiste! ¡Te burlaste de mí frente a los demás! ¡Es que dices tonterías! ¡Y tú mírate al espejo! ¿Por qué rayos no haces ejercicio y te pones a dieta? ¡Estás engordando! ¡Come menos carne! ¡Y tú toma menos refresco! ¡Antes de ir a la cama, báñate! ¡Descompusiste el auto! ¡Cuida las cosas! ¡Echaste a perder mis pantalones favoritos! ¡Saca a tu perro, detesto a los animales en la casa! ¡Mi perro es más educado que tú! ¡Al menos podrías levantar la ropa que dejas tirada! ¡Y tú archiva los papeles importantes! ¡Perdiste la tarjeta de crédito! ¡Eres un caos! ¡Y tú, desordenado! ¡Comodina! ¡Grosero! ¡Malagradecida! ¡Desconsiderado!

TONTERÍAS.

A las tonterías agrégales el orgullo inflamado de ambos y tenemos una tormenta.

En las tormentas, ni tú ni ella querrán ceder. Ambos se sentirán lastimados, atrapados, encerrados, y desearán huir y mandar todo al demonio. ¡Eso sucederá cuando tengan cinco años de casados! ¡Y cuando tengan diez, y a los quince, y a los veinte, y a los cuarenta! (¿Cómo te explicas que tantas parejas se separan a edad madura?).

El matrimonio es probado en las tormentas, pero las tormentas escalan, se combinan, se agrandan, se conectan entre sí; generan pensamientos secretos de rencor, venganza, decepción y aislamiento:

> ¿Qué rayos hago casado con esta mujer? ¿Qué le vi? ¡No es inteligente, no es considerada, no le intereso, no está a mi altura, no la entiendo, no me entiende, no me gusta! ¡Pude haber conseguido a alguien mejor! Aquella novia, caray. ¿Cómo la dejé ir? ¿Por qué tuve tanta prisa en casarme? ¿Por qué no me esperé? ¡Este matrimonio fue un error!

Y lo peor: ella pensará lo mismo de ti, en secreto.

AMIGO, NO PODRÁS EVITARLO:

Llegará el momento en que algo de su cuerpo te disgustará. Te cansarás de sus piernas y de sus senos y de su abdomen. La verás demasiado llenita para ti, o demasiado flaca, o demasiado baja, o demasiado alta, o demasiado morena, o demasiado pálida, o demasiado enferma. Y si a eso le sumas que ella estará harta de tu hartazgo y de tu falta de consideración, ambos pensarán en divorciarse. ¡Pero **no** por maltrato, droga o adulterio, sino porque son dos personas distintas, con gustos particulares, y egos muy, muy inflados!

ENTONCES, ¿CUÁL ES LA DIRECTRIZ?

Simple: Mentalizarse. Saber que las tormentas vendrán. ¡Comprender que (mientras no se trate de las tres CONDUCTAS INTOLERABLES), debes aguantar, mantenerte adentro, dejar pasar el momento crítico, no tomar decisiones drásticas cuando estás enojado! ¡Impedir que un problema sencillo se agigante! Entender que el enemigo más grande de tu matrimonio se llama EGO porque el ego te hará creer que eres muy superior a tu pareja y que *siempre* tienes la razón y tu esposa está equivocada, y no la escucharás y le exigirás que cambie, rectifique y se humille ante ti.

Pero vamos a aclarar algo muy importante: Tú no te casas para cambiar a tu pareja. ¡Así no funciona el matrimonio! Las reglas son: Nos amamos como somos; nos comprendemos y nos adaptamos. *Punto*. ¡Gran parte del éxito en el amor consiste en ADAPTARSE, no en tratar de cambiar al otro! ¡En ser personas que perdonan y saben pedir perdón!

ARREGLA LOS PROBLEMAS SÓLO CON ELLA.

Jamás vayas a tu casa paterna lloriqueando: "La bruja de mi mujer no me entiende". No hagas que tus hermanos o padres se irriten y tomen partido contra tu esposa. Cuando la tormenta pase, no querrás que la relación de tu familia con ella quede dañada.

En vez de quejarte o decir chismes, busca consejos sabios.

Vayan con un terapeuta, una pareja exitosa o un consultor; asistan a seminarios para matrimonios. Vean el diluvio desde otra perspectiva y tal vez descubran que se trata de una simple llovizna. Si tienen problemas y quieren conversar con sus padres o suegros, acudan juntos, en pareja; jamás hablen mal de quien no esté presente; charlen con tranquilidad, abiertos a recibir consejos de quienes los aman.

Hija, si el barco de tu matrimonio tiene una fisura, tú y tu marido deberán sacarlo a flote, limpiar el agua y remar juntos... Yo quisiera cobijarte siempre, pero una vez que te cases, recibirás el abrigo emocional que necesitas de tu esposo. No de mí ni de tu madre. (A menos que sufras por alguna de las tres CONDUCTAS INTOLERABLES), durante una tormenta normal, nosotros no te recibiremos en casa para consentirte. Si tú y tu marido llegan a pedirnos consejos, yo voy a defenderlo a él. En todo caso, te brindaré estrategias para que lo ayudes o le hagas entender tu punto de vista, pero jamás contribuiré a exacerbar un problema entre ustedes.

Así que, princesa: bájale unas rayitas a los niveles de egocentrismo y sé más humilde. Porque cuando las cosas vayan mal, deberás ser capaz de reconocer que tal vez te excediste en tus exigencias y obsesiones ¡y que seguir alimentando esa tormenta no vale la pena!, pues están perdiendo lo más valioso por tonterías, y ustedes lo que en realidad necesitan es acercarse, abrazarse y disculparse.

Tú y él no estarán juntos para destruirse sino para construirse, y para reconstruir lo que rompieron.

LAS BUENAS RECONCILIACIONES SERÁN FORTALECEDORAS.

Ningún problema puede ser más grande que su proyecto de vida.

Nunca se pongan ultimátums ni hagan que algo sin valor (sólo por ganar esa estúpida guerra de egos), se convierta en más importante que su familia.

Cuando quieran salir de una tormenta, véanse a los ojos y háblense con el corazón. No se centren en apariencias. Las apariencias son muy engañosas porque pueden estar contaminadas de maquillaje o lodo.

Los verdaderos amantes se reconocen en medio de la bruma, la lluvia, el fuego, la neblina, el granizo... entienden que detrás de toda esa locura de circunstancias ajenas está su pareja.

AMIGO, ¿RECUERDAS LA PELÍCULA AVATAR?

El hombre y la Na'vi de Pandora se declaraban su amor de una forma muy especial; con dos palabras: **T E   V E O**.

Muchos se enamoran de lo exterior (cuerpos, caras, ropa, dinero), pero las personas *somos más que eso*. Tenemos una naturaleza espiritual; un alma con recuerdos, emociones, pensamientos, intenciones... Sólo podemos decir que *amamos a alguien* cuando hemos logrado trascender todas las fronteras superficiales y **vemos la esencia** de la otra persona.

¿SABES POR QUÉ ESTOY ESCRIBIÉNDOTE ESTA CARTA?

Porque amo a mi hija. Y la amo **porque puedo verla:** ¡me hechizan su talento, su nobleza de corazón, su belleza interna!

Detrás de sus atuendos (que todos nos ponemos para ser adultos), sociales y profesionales, hay una niña hermosa, una niña dulce, inocente, necesitada de amor. ¡Y yo puedo ver a esa niña cuando me concentro en sus pupilas! ¡Ahí está! ¡Y al verla pienso en abrazarla, cuidarla, protegerla, consentirla!... ¡Es mi niña!

Por eso, te pido que hagas este ejercicio: vela a los ojos; quita todos los velos e identifica a la niña que está ahí... Si logras verla, entenderás su esencia.

APRENDE A AMARLA PORQUE LA VES.

Y si te casas con ella, en medio de las tormentas date un respiro, tranquilízate, mira a tu esposa de frente; haz que ella también se concentre. Díganse como la Na'vi *te veo*, sé que estás ahí; y ninguna tormenta nos va a destruir. ¡Éste es nuestro barco, es nuestro proyecto, y es más fuerte que cualquier vendaval! ¡Nos pondremos de acuerdo! ¡Cederemos los dos, no para *mi* beneficio ni para el *tuyo*, sino para el beneficio de *nuestra familia*! Nada va a hundirla. Yo no la voy a abandonar. Ni tú tampoco. Porque después de todo, cuando la gente metiche se vaya y los hijos tomen su camino y los vecinos se encierren en sus propios problemas, sólo quedaremos tú y yo. Solos. ¡Y eso es suficiente para mí, pues estando contigo no necesito a nadie! Tú y yo somos los mejores amigos del mundo y juntos lo podemos todo.

Ahora te pregunto:

¿NO ABANDONARÁS EL BARCO CUANDO HAYA TORMENTA?

¿TE MANTENDRÁS EN PIE DE LUCHA?

¿Entenderás, como los deportistas de alto rendimiento, que un poco de dolor es necesario y bueno para triunfar, y darás todo de ti con tal de permanecer en el barco que es tu hogar?

Porque los capitanes que desertan son una vergüenza. Yo lo vi en aquella isla del Caribe; cuando el humo negro se metió al ómnibus y todos comenzamos a toser encerrados en esa guagua, varios ancianos sentados en las primeras filas trataron de abrir la puerta. No pudieron. Una mujer gorda tuvo un ataque de histeria y quiso pasarse al frente, pero había demasiadas personas en su camino. Quedó atorada. Hubo gritos y llantos ahogados por el humo que seguía entrando. No había salida, pero el maldito conductor del vehículo, el único que podía rescatarnos, ya no estaba por ningún lado. *Se había echado a correr.*

Entonces ocurrió lo inaudito.

Mi hijo más joven, atlético, ligero, fuerte, saltó sobre los respaldos del autobús hasta llegar al volante. Movió varias palancas y destrabó la puerta.

Él nos salvó... A veces los hijos juegan ese papel. Su simple existencia nos resguarda de las peores tormentas. Porque en este mundo *las almas inocentes son las que tienen mayor poder.*

LOS HIJOS NOS DAN VIDA.

Pero no debemos aferrarnos a ellos.

Tú y tu esposa son águilas.

Nunca pierdan de vista que su misión es alzar el vuelo juntos, y ayudar a que los hijos **se vayan,** surcando sus propios aires.

HABLEMOS DE ESO.

¿AYUDARÁS A VOLAR A TU FAMILIA?

HACE POCO CONOCÍ A UNA MUJER BRILLANTE.

De cuarenta años, licenciada, con maestría, intelectual. Estaba con su hijo de diez. A pesar de su preparación y belleza, tenía una mirada evasiva. También su hijo era inseguro. Ella me confesó:

—Hoy estoy celebrando mi divorcio.

Al principio pensé que bromeaba. Después supe que era cierto. Permaneció casada veinte años con un sujeto celoso que "les cortó las alas" a ella y a sus hijos.

¿Recuerdas el cuento del águila real que fue ENCERRADA EN un gallinero?

¡Mutilada en cuerpo y espíritu, comenzó a comportarse como gallina!

ESA MUJER ERA UN ÁGUILA.

Su marido, conformista, empleado de una manufacturera, no había hecho nada durante veinte años más que meter rondanas en miles de balancines. Con su escasez intelectual, razonó: "Si mi esposa sale a trabajar, a estudiar, o a la calle, acabará fijándose en otro hombre de mayores virtudes". Entonces le prohibió conocer gente. ¿Y por qué ella lo permitió? ¡Porque los hombres celosos pueden ser muy intimidantes! **Ellos saben que cualquiera podría destronarlos**; así que generan controles de posesividad. "Tú me perteneces, no te atrevas a salirte del corral".

¿Cómo le dices a un sujeto inseguro que no sea celoso, si la raíz de sus celos estriba en su misma mediocridad?

En el fondo, el **controlador obsesivo** se sabe obsoleto; su estabilidad se apoya en logros muy antiguos de los que le encanta presumir, pero los cambios le aterran. Como ya no lee, ni estudia, ni se supera, ni reconoce su necesidad de aprender, se vuelve paranoico. Es la historia de los megalómanos como Fidel Castro, Adolfo Hitler, Saddam Hussein, Muamar el Gadafi, Kim Jong-il, Mao Tse Tung, Somoza, Pinochet, Franco y otros. ¡Guardando las proporciones, hay muchos dictadores similares en las familias! Autoritarios que le dicen a su cónyuge o hijos: "Les prohíbo hacer nada más que lo autorizado por mí, porque yo sé lo que les conviene y mis órdenes son absolutas, así que no se atrevan a desobedecerme". Pero el controlador obsesivo no es más que un **ignorante con miedo**. Tiene miedo a ser traicionado, a perder su poderío, a que sus agremiados lo abandonen o le den la espalda.

HIJO, TEN CUIDADO. ALÉJATE DE ESE MODELO.

Sé que tiendes a ser celoso. Es lógico. Has sufrido traiciones en el pasado. Abrigas la inseguridad de quien fue lastimado injustamente por otras personas, y te aterra pensar que tu princesa pueda tener ojos para otros. Pero el problema no es ella. Eres tú. Debes elevar tu propia cotización personal y extender tus alas para surcar aires más altos. Aunque trabajas mucho, has descuidado tu crecimiento. A duras penas concluiste la carrera y te has estancado en tu preparación.

Entiendo que lo importante de un hombre no son sus títulos académicos, pero sí lo es el deseo de seguir estudiando, manteniéndose al día con conocimientos frescos e inteligencia activa; por ejemplo, un diplomado o una maestría te ayudarían a tomar mejores decisiones en un mundo de cambios diarios. ¡Conviértete en un ejemplo de líder que continúa preparándose y jamás se detiene en su avance! Es bueno para ti. Es bueno para ella. Es bueno para tu familia. Hará que todos te sigan y admiren. Y se te quitarán los celos (varios pájaros de un tiro).

PORQUE TÚ PONES EL ESTÁNDAR DE ALTURA FAMILIAR.

> Los adultos que hablan una segunda lengua, quieren que sus hijos la aprendan también; los que saben esquiar, enseñan a sus hijos a esquiar; los que son profesionistas con maestría, les piden

a sus hijos que lleguen a ser profesionistas con maestría. La razón es simple. Los hijos no pueden ser menos que los padres. Si nacieron en *esa* casa deben lograr (mínimo) lo que todos lograron en ella, y, si se puede, más.

La herencia de un hombre no es sólo económica. Es intelectual y de "gustos".

Por eso, a como dé lugar, lucha por una familia culta.

Enseña a tus hijos que el enemigo más grande del hombre se llama *ignorancia*. La ignorancia produce pobreza, vida mediocre y elemental, incluso animal. Los animales no pueden disfrutar un buen libro, un *ballet* o un museo de obras artísticas. Tampoco las personas ignorantes. Y no estoy diciendo que alguien iletrado sea menos humano; lo es tanto como todos, pero en definitiva sus gustos y alcances serán más básicos. De hecho todos nacemos ignorantes y seguimos siéndolo durante nuestra vida en *muchísimas áreas*. Lo importante es estar siempre dispuesto a aprender. Lo que nos hace más humanos y menos animales es la educación. Y, *mientras respiremos,* debemos mantenernos en constante crecimiento. Si no hacemos eso, ¿cuál sería la diferencia entre nosotros y un ratón o una vaca?

La frase típica del inculto cuando lo invitas a la ópera es *¡a mí no me gustan esas cosas!* ¿No le gustan? ¡Cómo le van a gustar, si no las conoce! Y no las conoce porque no ha querido aprenderlas. El ignorante también dice: *Eso no lo entiendo, prefiero otra actividad*. ¡Claro, no lo entiende porque entender exige leer, estudiar, tomar notas, investigar, memorizar datos, usar los sentidos y cambiar el enfoque!

Hay parejas en las que uno de los dos deja de superarse, mientras el otro sigue haciéndolo. Con el paso del tiempo pierden afinidad y sus gustos se separan (los de uno serán más sofisticados y los del otro más elementales). En tal matrimonio, el (la) ignorante dirá: *tú ve solo(a) al concierto, partido, museo o viaje, ya sabes que eso no es lo mío*. ¡Y acabarán caminando en soledad o quizá con nuevos amigos, uno anhelando comida *gourmet* y el otro buscando fritangas del callejón!

¿Ahora comprendes por qué la verdadera herencia de un hombre es **intelectual y "de gustos"**?: Tú y tu esposa generarán esa herencia para sus hijos.

UNA PREGUNTA, MOTIVO DE PROBLEMAS ANCESTRALES:

¿Es importante que los novios tengan el mismo nivel económico y cultural?

Dividamos las cosas.El **NIVEL ECONÓMICO** es un tema muy particular. Depende de muchos factores heredados que por lo común los jóvenes recibieron sin hacer nada, así que no es tan importante para elegir pareja, pero la **CLASE CULTURAL es otra cosa**: sí se tiene por mérito propio y se vuelve la fuente de convivencia, conversaciones y placeres diarios. ¡Porque hasta para hacer bien el amor se necesita educación!

POR ESO, AMIGO, CRECE CON TU ESPOSA.

Ustedes deben hablar el mismo idioma; conocer y disfrutar los mismos eventos. Si uno valora **el *jazz***, o **la religión**, o **un partido de beisbol**, el otro será su mejor camarada ***en el concierto***, ***en la iglesia o en el estadio***, ¡porque sabe lo que está sucediendo ahí, o al menos está interesado en aprenderlo!

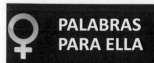

No compitas con tu marido. No trates de controlarlo ni te vuelvas imperiosa. Hay muchas mujeres posesivas, obsesionadas por mantener un sutil matriarcado en el que sólo ellas mandan. Lo hacen por miedo, porque han dejado de crecer y se saben tan poca cosa que defienden su territorio a base de chantajes, escenas desgarradoras y fingiéndose ofendidas. Pobres enanas transmisoras de miseria. Nunca te vuelvas una de ellas. En vez de eso, sé una mujer moderna, actualizada. Naciste para surcar los aires. Desde niña no podías quedarte quieta, todo te llamaba la atención, eras hiperactiva y observadora. Creciste así, con una curiosidad insaciable. ¡Pues sigue creciendo! Por ningún motivo dejes de superarte y evolucionar. ¡Cuando vayas en el auto, escucha grabaciones de desarrollo humano, visión, música, poesía, ciencia, idiomas, cultura! Evita los programas televisivos o radiofónicos de chismes y frivolidades. Mete a tu cerebro ideas que te ayuden a ser mejor. Sé una esposa inteligente e interesante. Alguien con quien él disfrute charlar. Sólo así lograrán ser una pareja completa, una pareja complementaria. Si él es superior a ti en un terreno, motívalo a crecer más. Déjalo ser el experto. Pregúntale, aprende de él, dile cuánto lo admiras por lo que sabe. Es natural que en toda relación uno sea más sobresaliente que el otro en determinadas áreas, pero ambos deben respetar y entender lo elemental de lo que el otro sabe. Se trata de acompañarse en la vida. ¡De tener algo que enseñarse y admirarse mutuamente!

TU MISIÓN ES HACER QUE TUS HIJOS SE VAYAN.

Dales armas emocionales e intelectuales, con el fin de que sean independientes y logren alcanzar mayores alturas que las que tú alcanzaste.

Sólo serás un buen padre si les enseñas a tus hijos lo necesario para que **no** dependan de ti y pueden llegar a ser felices y exitosos con sus propios recursos.

En cuanto a tu esposa, ella también necesita volar... *pero contigo*.

Sé un promotor del concepto *volemos más alto*.

¿AYUDARÁS A VOLAR A TU FAMILIA?

¿No le cortarás las alas?

¿No estarás tan ocupado o acomplejado como para obligar a tu esposa e hijos a permanecer encerrados, negarte a viajar con ellos, a visitar sitios nuevos, explorar mares y montañas a su lado; empujarlos a estudiar, trabajar y crecer más, mucho más?

¿No serás tan apático como para estancarte en lo que siempre has hecho, y desentenderte del nuevo idioma intelectual, espiritual y de gustos que tu familia va adquiriendo con el avance vertiginoso de la modernidad?

El HOMBRE-HOMBRE debe *ganarse la admiración de su reina*, al aportarle valor a su vida.

El matrimonio es la aventura más riesgosa y extraordinaria. Se trata de surcar los aires, dejando que tus hijos se alejen poco a poco, pero siempre volando al lado de tu pareja, gozando del paisaje con ella, y llegar juntos por las noches a su cálido nido, donde podrán abrazarse y disfrutar la magia de haberse encontrado.

Entendiendo los *diez* temas que hemos abordado, ahora así, hablemos de uno que no podemos obviar.

EL DINERO. Lo he dejado casi al final por una razón de peso.

YA LO VERÁS.

¿MANEJARÁS BIEN EL DINERO?

LA SOCIEDAD MIDE EL ÉXITO DE UN HOMBRE CON BASE EN EL DINERO QUE GANA O TIENE.

Lo primero que se le pregunta a quien pretende casarse es *con qué capital cuenta.* Hay estándares mínimos. Pero también importa cuán-

---

to dinero *debe*, porque muchos "caballeros" *ostentan* buen auto, casa o negocio, pero todo es mentira, apariencia, producto de créditos castrantes y nada les pertenece.

Aunque lo más importante de una persona es su **POTENCIAL DE PROGRESO**, también necesitamos hablar sobre su filosofía respecto al dinero. Voy a darte los lineamientos básicos que todo hombre debe saber al respecto.

Me gustan los conceptos sencillos y poderosos. Así que lo plantearé muy simple.

EL DINERO SIRVE PARA DOS PROPÓSITOS:

1. Generar más dinero (y un patrimonio).
2. Sustentar a la familia.

ANALICEMOS:

1. GENERAR MÁS DINERO (Y UN PATRIMONIO)

¿TRABAJAR COMO EMPLEADO O PONER UN NEGOCIO?

Cada persona es distinta, y tan bueno es un empresario persistente como un asalariado estable. Pero, a la larga, el primero tiene más posibilidades de volverse rico. (Y tú quieres eso).

Está bien buscar la seguridad de un sueldo. La mayoría debemos hacerlo para crecer profesionalmente; lo que está mal es depender del sueldo eternamente y al cien por ciento.

¿CÓMO CRUZAS EL PUENTE DE EMPLEADO A EMPRESARIO?

Todo comienza en la mente. Si quieres ser empresario debes aprender a pensar como tal. ¿En qué piensa un empresario? *En generar utilidades. Su mente está enfocada en disminuir gastos y lograr ingresos.* El empleado, en cambio, piensa en *llegar a la quincena y recibir su sueldo con el menor esfuerzo posible.*

Si de verdad deseas cruzar el puente, tu prioridad debe ser que aumenten las utilidades de la compañía para la que trabajes. La mayoría de los empleados saben cómo producir mayores utilidades, pero no lo dicen, porque odian al patrón y no quieren beneficiarlo; creen que si dan más, nadie valorará ni pagará por su aportación; entonces se mantienen en un nivel de rendimiento mínimo.

Como lo digo en *Te desafío a prosperar*: "Entre dos trabajadores, uno que piensa sólo en su sueldo y otro que piensa en generar utilidades a los accionistas, ¿a quién crees que le darán un puesto superior cuando haya oportunidad?, ¿quién será el colaborador de confianza?, si el jefe enferma, renuncia o es despedido, ¿quién lo sustituirá?, cuando la empresa haga una expansión y necesiten nuevos directores, ¿a quién llamarán para el puesto?, si hay recortes de personal, ¿quién tendrá su lugar asegurado?, cuando revisen los aumentos de sueldo ¿a quién le darán más?, y si las cosas van mal, ¿quién estará capacitado para ocupar un mejor puesto en otra empresa o incluso poner su propio negocio?".

✓ Proponle a los dueños de la compañía (ellos siempre están atentos a esas propuestas) estrategias que los hagan ganar más, generando otros productos que sólo tú puedes producir, y consigue una comisión por las utilidades que generes.

✓ Si te independizas, invierte en negocios, bienes raíces o sistemas de ventas que den utilidades.

✓ Cuando compres inmuebles, aparatos o máquinas, asegúrate de que no sean un gasto *per se,* sino que en cambio, te puedan generar flujo de efectivo y se paguen a sí mismos en corto tiempo.

✓ No te llenes de deudas. Los apoyos gubernamentales para emprendedores suelen ser sólo ridículos programas de endeudamiento. Nada grande puede lograrse cuando todas las utilidades generadas sirven para pagar créditos.

✓ Se innovador. Usa tu creatividad inventando sistemas y servicios que generen ingresos.

✓ Escribe manuales de procedimientos. No escatimes en sistematizar tus ideas.

✓ Allégate de ayudantes para mover los engranajes, luego reinvierte tus utilidades y haz crecer tu dinero.

✓ Sigue preparándote. Toma cursos sobre ventas, *marketing* y emprendimiento.

✓ Aprende la magia de hacer negocios y franquiciarlos.

✓ Platica con empresarios, pídeles consejos, conoce los aciertos y errores de otros.

✓ Asóciate con personas que puedan aportar valor a tus nuevos negocios.

✓ Sé financieramente agresivo.

Si quieres casarte con mi hija, debemos hablar

GENERA UN PATRIMONIO.

Como inversionista, arriesga buena parte de tus ganancias en nuevos negocios, pero también separa un porcentaje de tus ingresos haciendo reservas familiares a largo plazo. A esto se le llama PATRIMONIO: *ahorros para la vejez y para dejar un capital digno a tus herederos.*

CREAR TU PATRIMONIO ES PARTE DE LA BUENA PLANEACIÓN FINANCIERA:

- ✓ Invierte en bienes raíces ubicados en zonas de crecimiento, inmuebles que conserven y aumenten su valor.
- ✓ Compra un buen seguro de vida, si es posible de la modalidad **DOTAL** (los seguros dotales tienen un plazo de vencimiento que cuando se cumple, si no moriste antes, te entregan el dinero en vida).
- ✓ Haz un fideicomiso o un testamento para que tu patrimonio se reparta tal como lo pensaste en caso de tu fallecimiento.
- ✓ Sé responsable y organizado.

REPASEMOS.

Tu obligación como hombre es mover bien el dinero. De dos formas.

1. Generando más dinero y un patrimonio.
2. Sustentando a la familia.

Una obligación no te exime de la otra. Son, de hecho, simultáneas.

La segunda, en realidad resulta prioritaria:

2. SUSTENTAR A LA FAMILIA

SIEMPRE, SIN EXCUSA NI PRETEXTO, *PAGARÁS LA CUENTA* de tu esposa e hijos en cinco conceptos:

1. Alimentación (despensa, comida en casa o restaurantes).
2. Educación (libros, utensilios y colegiaturas).
3. Vivienda (casa digna y funcional).
4. Vestido (ropa y zapatos).
5. Comunicación (auto, gasolina, Internet, y teléfonos).

Asúmelo como tu más digno y honroso privilegio.

Imagínate una familia en la que sus integrantes están hambrientos, no estudian ni van a la escuela; no tienen casa dónde vivir, no tienen ropa ni zapatos y no pueden comunicarse con el mundo.

Visualiza el cuadro. ¡Es patético! ¿Ocurre? ¡Claro! *Donde no hay hombres*, o los hay pero no tienen pantalones. ¡Porque el hombre más mediocre lo mínimo que hace es proveer a su familia de los cinco elementos básicos de sustento! Incluso si llega a divorciarse, SUFRAGA los cinco puntos de su exesposa e hijos, con generosidad, excelsitud y prontitud durante *todo el tiempo que lo necesiten*.

ESTO SE LLAMA DAR MANTENIMIENTO BÁSICO.

Tú sólo das dinero cuando te interesa conservar en buen estado los sistemas que amas. Si posees un auto favorito, lo tratarás con cuidado y le darás por lo menos mantenimiento BÁSICO (servicios en la agencia, cambio de filtros, uso de buena gasolina, aditivos, encerado, etcétera). Pero si tienes un auto al que no amas, lo usarás rudamente hasta desgastarlo y convertirlo en chatarra.

Un hombre que no está dispuesto a dar MANTENIMIENTO BÁSICO a su hogar (quien dice "yo no tengo por qué comprar *comida, libros, casa, vestido y auto*, a otros"), es un *poco hombre* y, por supuesto, nunca debería casarse.

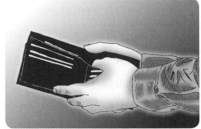

Por otro lado, el hombre que sabe amar, entiende como su *privilegio* demostrarlo **pagando la cuenta**.

Tu responsabilidad **básica** es así de simple: genera recursos (todos los que puedas), y cuando se trate de **alimento, educación, vivienda, vestido y comunicación, SACA LA CARTERA Y PAGA**.

¿NADA MÁS?

Bueno. Eso es lo elemental. Pero *la misión de un ser humano comienza donde termina su responsabilidad básica*.

El **HOMBRE-HOMBRE**, deberá **DAR MANTENIMIENTO MAYOR**. Esto implica **gozar la vida con sus seres queridos**.

TU ESPOSA Y TÚ NECESITAN VACACIONES.

Mientras más frecuentes y sofisticadas, mejor. Ambos merecen ir a buenos espectáculos de vez en cuando; comer en restaurantes finos; hospedarse en hoteles superiores. ¿Por qué no?

El dinero es necesario, sobre todo, con el fin de disfrutar a tus seres queridos, ¡pues de eso se trata la vida! ¡Para eso vivimos!

Muchos hombres no lo entienden. Aman más su dinero que a su esposa. Viven con la filosofía de que "esto es mío" y "el que paga manda", y "no te metas con lo que no ganaste". Quien piensa así no tiene la menor idea de cómo se forja una familia.

CUIDADO CON EL MALTRATO ECONÓMICO.

- ☹ No andes recitando por los pasillos como *mártir inmolado* que tú pagas todo y que los demás no producen ingresos.

- ☹ Jamás le digas a tu esposa, sermoneándola, que lo que hay en esa casa te pertenece, y que sin ti nadie en esa familia tendría comida, ropa, cama, estudios, coche, celular o vacaciones.

- ☹ No gimotees pregonando que eres una *víctima del destino,* o que todos te quitan el dinero, que trabajas mucho y tu esposa no hace más que gastar.

- ☹ ¡Jamás hagas sentir menos a tu reina o la trates como a una sirvienta por el hecho de que tú pagas las cuentas!

- ☹ **Ustedes tienen una sociedad conyugal**, y la contribución que ella hace al hogar o a los hijos o a tu persona es **INVALUABLE**. No hay dinero que pueda pagarlo. Así que nunca se te ocurra discriminarla por cuestiones económicas.

1. Hazla partícipe de los ingresos y egresos en la casa.
2. No le ocultes lo que ganas.
3. No la amenaces con dejarla sin recursos.
4. Pon todos los bienes que sea posible y que convenga fiscalmente a nombre de ella.

5. Si algún día mueres, asegúrate de dejarla protegida. Después de todo, si eres hombre de verdad, tienes bien claro que ganas el dinero para eso.

¿VES POR QUÉ DEJÉ ESTE TEMA CASI AL FINAL?

Si hubiésemos hablado de ello al principio (como suele hacerse siempre entre suegros y yernos) tal vez te hubieras sentido ofendido o desconfiado. Con tanta obsesión masculina de *amar el dinero sobre todas las cosas*, cada vez es más difícil ensamblar el concepto económico con el principio que fundamenta el matrimonio: *darse* por completo y ser *menos egoístas.*

Ahora (casi terminando esta carta que resultó un libro) puedo decírtelo: **La mejor forma como los hombres demostramos amor es con dinero**. Sé que suena crudo y poco romántico. Pero *piensa*. Sólo pagamos los *gastos y gustos* de las personas que amamos. Y el poder que tenemos como hombres para forjar una familia estriba en demostrar amor no con remilgos o cursilerías sino con hechos contantes y sonantes.

UN ÚLTIMO PUNTO DE REFLEXIÓN:

¿Cómo manejarán sus gastos diarios y qué deberán hacer con el dinero que *ella gane*?

ES NECESARIO HACER PRESUPUESTOS.

Enlisten con todo detalle los gastos e ingresos que prevén para el mes y apéguense al plan. No derrochen lo que no tienen. Por ningún motivo traten de aparentar o disfrutar un estatus falso, comprando cosas con tarjeta de crédito. Usen sus tarjetas sólo por la comodidad del financiamiento mensual, pero paguen el saldo total en cada vencimiento. ¡No acumulen deudas! Gasten en lujos únicamente cuando puedan pagarlos al contado y sin lacerar sus planes.

En cuanto al dinero que gana tu esposa, pónganse de acuerdo en cómo usarlo.

Hoy en día las mujeres también trabajan y tienen buenos ingresos. A veces mejores que los de sus maridos.

¿Qué gastos de la casa debería pagar ella?

Técnicamente los cinco rubros de sustento básico —alimento, educación, vivienda, vestido y comunicación—, *te corresponden a ti*. ¿Entonces para que debería usarse el dinero de ella?

Aunque no siempre se puede, voy a decirte **lo que sería correcto**:

Idealmente, el dinero que gane tu mujer *debería* ser utilizado para ayudarte en la **cuestión patrimonial** y en **disfrutar la vida familiar**.

Esto es:

- Contribuir a SUS INVERSIONES de largo plazo, libres de riesgo.
- Contribuir a pagar **VIAJES**.
- Contribuir a pagar ciertos **LUJOS**.

PALABRAS PARA ELLA

A veces los hombres hacemos todo lo humanamente posible por sacar adelante a la familia en el aspecto económico y aun así no resulta suficiente. Cuando las cosas van

*mal y el marido se siente abatido, su esposa puede aplas-
tarlo o levantarlo. Así que, hija, si él se está esforzando
por ser un buen proveedor ¡apóyalo en todo! Moralmente
pero también con hechos. En los "tiempos difíciles" métele
el hombro y ayúdale a pagar algunas cuentas básicas. Eso
no lo hace menos hombre ni a ti menos mujer. Por otro
lado, si el presupuesto de la familia sólo alcanza para comer en casa ese mes, pero tú quieres ir a un restaurante
gourmet cada tercer día, deberás generar el dinero necesario para ello. No le cargues la mano a tu marido exigién-
dole gastos que humanamente no puede hacer, aunque se
trate de alimentos, vestido, vivienda, educación y comunicación. Si en el presupuesto familiar está previsto que
ustedes pueden tomar diariamente un café del Oxxo, pero
tú lo quieres del Starbucks, entonces trabaja, gana dinero
y ¡paga la diferencia!*

*¿Recuerdas lo que se afirma en la iglesia cuando el no-
vio entrega un cofrecito con monedas a la novia? Él dice:
"Recibe estas arras, son muestra del cuidado que tendré
de que no falte lo necesario en nuestro hogar". Y ella contesta: "Yo las recibo en señal del cuidado que tendré de
que todo se aproveche en nuestro hogar". El símbolo li-
túrgico es una muestra de algo que debe persistir en la
pareja. Ayuda mutua en cuestiones financieras. El éxito
para generar recursos, hacer un patrimonio y sustentar
a la familia es en realidad un asunto de los dos. Apoya a
tu esposo. Haz estrategias económicas con él. No lo dejes
solo. Eres socia de esa empresa; adminístrala bien y haz
lo que prometiste: cuida que todo se aproveche y crezca.*

Hijo, ésta es mi décima primera pregunta crucial para ti. (Qué pregunta tan incómoda si te la hace un suegro, pero qué importante poder enfrentarla y contestarla si te la hace alguien que te ama como tu padre).

¿MANEJARÁS BIEN EL DINERO?

¿Serás un proveedor inteligente?

¿No te volverás un maltratador económico?

¿Buscarás por todos los medios hacer las cosas bien (usar el dinero para generar más, lograr un patrimonio y sustentar tu hogar)?

No te portes como un machista orgulloso que rechaza ayuda externa cuando la necesita o desprecia los regalos bien intencionados, pero tampoco te bases en regalos, préstamos y ayuda ajena (o de tu esposa) para cumplir.

PORQUE A FIN DE CUENTAS, TODO SE RESUME EN ESTO:

¡Eres el **protector** de tu imperio!

TERMINEMOS.

¿SABRÁS PROTEGER A TU REINA?

YO TE CONOCÍ DE FORMA MUY DESAFORTUNADA.

Estabas siendo masacrado por unos golpeadores a quienes debías dinero. Actué sin pensar cuando me bajé del auto. Gracias a mi inter-

---

vención evité que te siguieran golpeando, pero me dispararon. Y casi pierdo la vida.

¿Estuvo bien lo que hice? ¿Soy un héroe, como muchos me han dicho?

Veamos. Antes que nada soy marido de una mujer y padre de tres hijos a quienes debo cuidar. Mi vida no me pertenece al cien por ciento. No tengo derecho a dejar a mi familia en orfandad porque me crea el Hombre Araña. Así que no. Nunca debí bajarme del auto. Debí llamar a la policía por el celular, activar varias llamadas de emergencia, gritar y disuadir a los maleantes, pero desde lejos, sin arriesgarme.

Claro que si hubiera hecho eso, no te hubiera conocido, ni querrías desposar a mi princesa, ni hubiese escrito este libro. Son las paradojas de la vida y de esta larga carta que estoy cerrando con otra pregunta crucial.

Como dicen los gringos, *last but not least*.

Quizá es la mayor en importancia, porque de entre las cosas que hacemos los hombres, el proteger a nuestros seres queridos puede ser un factor de vida o muerte para ellos.

¿SABRÁS PROTEGER A TU REINA?

EN PRINCIPIO, SE PROTEGE PREVINIENDO RIESGOS.

Nunca generándolos.

Saca a tu esposa de lugares peligrosos, aunque algunos te llamen cobarde por no quedarte. Jamás seas bravucón ni provoques a otros tipos. Pululan descerebrados armados o drogados (ya lo vimos). Aguántate las ganas de devolver insultos y ¡sal de ahí! Sal rápido.

La señora que hace limpieza en mi casa tiene una historia de terror. Su esposo fue asesinado por unos rufianes que, en la calle, le faltaron el respeto a ella, y él quiso defenderla.

Tú y yo comprobamos que eso es posible y más cercano de lo creíble. Por eso, comprende:

> Los caballeros ya no se baten en duelo ni se disparan a matar defendiendo a una mujer. La civilización ha evolucionado. Estamos en la época de la inteligencia, no de la fuerza bruta o los instintos animales. Ahora todo se conquista con palabras y movimientos rápidos.
>
> Los HOMBRES-HOMBRES huyen de pleitos, se tragan las ganas de insultar a patanes o irrespetuosos, no contestan provocaciones y corren cuando hay peligro *llevándose a su familia*.

COMO HOMBRE SERÁS PROTECTOR DE SU CASA.

Si alguien entra en la noche a robar, puede ser por verdadera mala suerte, pero también puede ser porque la vivienda no tenía chapas adecuadas, barrotes o sistemas de seguridad.

¡Cuántos encuentros con rateros o delincuentes ocurren porque el hombre no tomó las precauciones necesarias!

Antes de que te metas a la cama, es tu responsabilidad (no la delegues) cerrar puertas, revisar ventanas, supervisar balcones, activar alarmas; cerciórate de que tu familia duerma protegida. Eres responsable de la seguridad en casa. Pero *no nada más*.

UN HOMBRE ES PROTECTOR EN EL AUTO Y LA CARRETERA.

¡En cuántos accidentes automovilísticos, los hijos o la esposa mueren o quedan lisiados porque el padre iba manejando muy rápido!

Hace poco supe que disfrutas pisar el acelerador cuando conduces tu auto llevando a mi hija. Amigo, si sueñas con ser corredor de fórmula uno, ve a la pista y alquila un *go kart*. Pero por ningún motivo arriesgues la vida de ella. **Tu chamba es protegerla**.

Cuando tengas hijos, enséñales a manejar bien y enfatiza con ellos el tema de la seguridad. No querrás que se maten o maten a alguien más porque fuiste negligente.

Por otro lado, no siempre tienes que ser tú quien maneje el auto familiar. Tu esposa o hijos pueden conducir cuando así convenga, pero es tu trabajo comprobar que los vehículos de la casa estén en buen estado. Revisa los frenos, las condiciones mecánicas, la llanta de refacción, el gato, los teléfonos de emergencia. Mantén vigentes los contratos de seguros. Si tu esposa o tus hijos tienen un imprevisto, deberán poder abrir simplemente la cajuela o la guantera para encontrar *todo lo que tú pusiste ahí*.

SÉ GUARDAESPALDAS Y ACOMPAÑANTE.

Cierto tipo nefasto a quien conozco no se siente a gusto con sus familiares políticos y, por eso, se niega a acompañar a su esposa a las reuniones, ¡a pesar de que la familia de ella vive en otra ciudad! El *hombrecito* la deja manejar sola en carretera durante horas, mientras él se queda cómodamente a ver la televisión. ¡Pero lo peor es que ni siquiera revisa el auto de ella, que a veces está en deplorables condiciones mecánicas!

Perdón que de nuevo me sienta ofuscado al escribir. No es nada contra ti. Algunas reflexiones me desazonan.

Yo creo, por ejemplo, que si un sujeto se acuesta con su mujer todas las noches (y se satisface sexualmente de ella), y se beneficia del trabajo que ella hace en la casa, y del dinero que ella gana en la oficina, y le exige que vaya por los niños a la escuela y los atienda en todas sus necesidades, ¡lo menos que puede hacer es protegerla, cuidarla, revisar que esté segura, acompañarla, y (¡caray!), siempre que se pueda, también ser su chofer!... ¡Eso es un honor!

PALABRAS PARA ELLA

Conozco a una mujer que obligó a su marido a perseguir (en su auto compacto) a un enorme camión que los había rozado. La señora vociferaba: "¡No te dejes!, ¡atraviésate para que el camionero se detenga!, ¡no se va a ir sin pagarnos el golpe!". ¿Sabes cómo acabó la historia? ¡El chofer del tráiler los aplastó con la caja de carga!

Nunca incites a tu esposo a pelear con gente desconocida. No juegues a hacerte la ofendida. Evita ponerte ropa provocativa en la calle que te exponga a ser insultada por otros hombres. Sé inteligente para prevenir peligros. La seguridad es un asunto serio.

Como estoy terminando la carta "para él", quiero repasar contigo, mujer que quizá leíste todo esto, algunos puntos a manera de resumen.

Hay mujeres muy malas para el matrimonio: egocéntricas, caprichosas, superficiales:

☹ *Mujeres que gastan en lujos y en nimiedades sin producir nada ni cooperar con las finanzas de la familia.*

☹ *Mujeres que meten a la suegra (su madre) a vivir en la casa, o se la pasan con amigas.*

☹ *Mujeres adictas al trabajo, que no saben generar calidad de vida.*

☹ *Mujeres autoritarias y matriarcales; que laceran al marido con críticas, descalificaciones y burlas constantes.*

☹ *Mujeres que no saben (y no les interesa) tener buenas relaciones sexuales o satisfacer a su marido en la intimidad.*

☹ *Mujeres infieles.*

☹ *Mujeres incultas que se convierten en un lastre para volar.*

El matrimonio no lo hace el varón por mucho que sea un HOMBRE-HOMBRE. Es proyecto de dos. De manera que si leíste carta de temas masculinos, por favor, ¡no la uses para levantar una vulgar crítica sexista!; mejor mírate al espejo y revisa la contraparte que te corresponde hacer. Procura estar a la altura del marido que anhelas y no seas sólo una mujercita, sino una MUJER-MUJER.

Ahora sí voy a CERRAR con el tema más delicado. Del que casi ningún hombre quiere hablar.

EL TEMA ESPIRITUAL.

Lo he dejado como broche de oro, por ser tan polémico.

No cualquier hombre lo entiende.

Espero que tú sí.

Voy a exponértelo con una comparación práctica:

Imagina que un grupo de maleantes planea secuestrar o asesinar a tu familia ¡y tú te enteras! ¿Qué harías? De inmediato tomarías medidas de protección, ¿no es así?

VISUALIZA OTRO CUADRO CON DETALLE:

Un grupo de maleantes, aún más despiadados y crueles, sin cuerpo físico, pero REALES en el plano espiritual, se meten a tu casa, para acostarse en la cama con tu REINA y fastidiarla en su alma, mientras otros malditos de la peor calaña invaden el cuarto de tus hijos instalándose ahí, con el fin de susurrarles suciedades todo el tiempo y llenarlos de dudas, tristezas, temores, o ideas destructivas...

¿PUDISTE VER LA IMAGEN?

PIENSA POR UN MOMENTO QUE ES VERDADERA.

¿Qué harías como hombre?

A estas alturas ya nos conocemos y sabes que no me ando por las ramas. Esto es lo más serio que puedo decirte.

> **¡Un hombre-HOMBRE, protege espiritualmente a su familia!**
>
> A ti te corresponde pedir por tu esposa e hijos.
>
> Es tu responsabilidad crear una coraza espiritual y ponerlos bajo la protección del Ser Supremo. ¡Intercede por ellos! ¡Expulsa usurpadores indeseados, desenmascara y corre al intruso mentiroso y acusador por excelencia que quiere instalarse con todas sus huestes de maldad en tu casa! Ahí tú tienes la autoridad espiritual suprema. Ejércela.
>
> Nunca, por ningún motivo, dejes sola a tu esposa en esa batalla.

LOS HOMBRES MARCAMOS EL CAMINO.

Deberíamos jalar la carreta cuando se atasca. Pero en el tema de la fe, la mayoría son como *VACAS ECHADAS* a las que hay que empujar.

A muchos, les encanta recitar frases hechas como "la religión es el opio del pueblo", "para gente supersticiosa", "una muleta de los débiles", "si Dios existiera no habría tanto sufrimiento en el mundo", "los ministros violan niños, roban dinero, buscan poder", "la ciencia ha demostrado que los elementos evolucionaron por sí solos hasta crear vida"; "a mí no me gusta nada de eso, no le encuentro el sentido".

¿Recuerdas lo que platicamos? *A uno no le gusta lo que no entiende, y no lo entiende porque es ignorante.*

¡El inculto rechaza lo que desconoce! En este ámbito también se crece y se aprende.

Aunque todas las argumentaciones de buen indagador tendrían una respuesta, **si estudiaran** el tema, los *hombrecitos* **optan por ser ateos** porque eso les resulta cómodo: pueden levantarse tarde los domingos, *no* leer textos sagrados, *no* ir a reuniones de amigos que oran, *no* interceder por sus hijos y esposa, *no* estudiar libros de crecimiento espiritual, *no... no... no... no...*

Considero, sin embargo que la holgazanería en este asunto implica un riesgo muy costoso.

Tú tienes el nivel intelectual suficiente para entender esto: no puedes darte el lujo de vivir dándole la espalda al Ser Supremo. Y menos, de exigirle a tu familia que lo haga. Ningún arma de fuego, ni blindaje, ni guardia de seguridad puede ser tan grande y poderoso para defender a tu esposa y a tus hijos, como el favor y la protección de Dios sobre ustedes. Te lo dice alguien que tiene una bala de plomo encapsulada a medio centímetro del corazón.

SÉ HUMILDE EN EL ASPECTO ESPIRITUAL, Y SERÁS GRANDE EN TODOS LOS DEMÁS.

Dile a tu Señor de rodillas cada mañana: "Quiero agradarte; quiero brindarte lo mejor de mí hoy; voy a representarte (porque soy tu hijo), con dignidad... Voy a servirte... Dame la fuerza y sabiduría. Protégeme, pero sobre todo, protege a mi familia".

Prepárate en el tema y practica lo que profesas.

PERO NO TE VAYAS AL EXTREMO INQUISIDOR.

Nunca des latigazos religiosos. No ridiculices a tu Dios inventando que Él está enojado con alguien "por su pecado". Seguramente Él comprende al que falla mejor que tú y lo ama más que tú... Deja que Dios les hable a tu esposa y a tus hijos en la intimidad, y tú, como hombre, promulga y respeta esa intimidad espiritual.

Enséñales a beber de la Fuente de agua viva. Eso los mantendrá plenos, felices, resguardados de las ratas y cucarachas invisibles que pululan alrededor… Cuida a tu esposa y a tus hijos. Declara bendición para ellos. Protégelos con tu oración diaria y deja que el amor de Dios se manifieste en tu mirada y en tus palabras.

REPASEMOS.

✓ Sé honesto y valiente para asumir el compromiso.

✓ Eleva cada día tu potencial de progreso.

✓ Genera calidad de vida.

✓ Sé paciente cuando tu esposa se equivoque.

✓ Sé un buen amante en la intimidad.

✓ Nunca la traiciones con infidelidad.

✓ Conviértete en un buen padre.

✓ Sé un líder dinámico y divertido.

✓ No abandones el barco cuando haya tormentas.

✓ Ayuda a volar a tus hijos y vuela con tu mujer.

✓ Maneja bien el dinero.

✓ Sé un gran protector de tu reina y de tu imperio.

Si luchas por hacer lo anterior, verás cuando tu vida termine que tus seres queridos te abrazarán con orgullo. Alcanzarás el premio más grande al que alguien como tú o como yo puede aspirar. El momento mágico y maravilloso en el que tu esposa e hijos te miren a los ojos y te digan:

—GRACIAS POR HABER SIDO UN BUEN HOMBRE.

POSDATA

EL DÍA HA LLEGADO.

En un rato más vendrás a cenar a la casa.

Se supone que yo no sé nada. Pero la noticia se ha corrido entre nuestros familiares cercanos. Supongo que mi princesa ha tenido la confianza de comentarlo a algunas primas o tías, y ellas se lo han contado a descendientes y ascendientes con la condición de que no lo digan a nadie; mucho menos a mí.

ASÍ SON ESTAS COSAS.

Se supone que todos festejan por anticipado y al padre de la novia (siempre despistado) lo toman por sorpresa. No me agrada el papel de ignorante, pero tiene sus ventajas: me permitirá abrir mucho los ojos, mover la cabeza negativamente y gruñir para intimidar a la concurrencia. Eso es lo que pienso hacer.

Antes, por supuesto, quisiera terminar la carta. Aunque tal vez no te la dé.

En estas páginas quise hablarte de hombre a hombre *con objetividad*, pero fracasé. No puedo ser objetivo cuando el sujeto *más suertudo de la Tierra* viene a pedirme un pedazo del alma.

AYER TUVE UNA PESADILLA.

Soñé que esta carta privada se convertía en un libro público. Yo te lo obsequiaba cuando ya estaba impreso y tú te molestabas porque me atreví a ventilar ante el mundo asuntos que sólo nos concernían a ti y a mí. Entonces me decías: "Yo también sé jugar sucio". Después te desaparecías de mi vista ¡llevándote a *tu novia*! Tiempo después regresabas con un libro que acababas de escribir tú. También era una carta. Se llamaba SI QUIERES VOLVER A VER A *MI* ESPOSA...

¡DESPERTÉ SUDANDO!

Sé perfectamente que el liderazgo es cuestión de **tiempo y colocación en el tablero**.

Si *hoy* yo te rechazo, puedo influir (con estrategia) en la mente de mi hija para que se aleje de ti... pero si *mañana*, tú me rechazas podrás influir (con estrategia) en la mente de tu esposa para que se aleje de mí. Y no estoy diciendo que ella carezca de carácter o inteligencia al decidir por sí misma lo que le conviene, pero sí estoy poniendo al descubierto que ambos tenemos una posición de *influencia* sobre ella...

¡La influencia del líder aumenta o disminuye en función del momento y la posición en que se encuentre! Las palabras de un artista, un político, un gerente (por ejemplo), tienen mayor influencia si son expresadas en su momento más exitoso y en su posición de mayor propaganda. En cambio, las palabras de esos mismos individuos influirán muy poco en momentos y posiciones de desprestigio o falta de vigencia.

ÉSTE ES MI MOMENTO Y POSICIÓN.

Mañana serán los tuyos. Si lo piensas bien, el concepto es aterrador, pues puede convertirnos en contrincantes capaces de dañar el corazón de la mujer que amamos.

Por eso quiero terminar mirándote a los ojos, como dos caballeros que se ponen de acuerdo, y decirte: ***No se vale jugar sucio***.

Si llegas a casarte con ella y eres un marido íntegro, *por mi parte,* jamás hablaré mal de ti *a tus espaldas* ni le diré a mi hija cosas que la hagan dudar de tu capacidad, hombría o liderazgo; aunque tengas errores o fallas eventuales, motivaré a tu esposa para que te apoye. *Por tu parte*, tú nunca *tratarás de cortarle o quemarle sus raíces.*

¡ELLA ES COMO UNA PLANTA SEMBRADA EN BUENA TIERRA!

Ha dado gran fruto porque tiene raíces profundas: **su cultura, su historia, sus valores, sus tradiciones y _su familia de origen_**. ¡Usa tu liderazgo para ayudarla a cuidar **sus raíces**! ¡Motívala a mantenerlas sanas! ¡Convive con tus suegros, cuñados y otros familiares políticos alegremente, de buen talante, con actitud propositiva y entusiasta!

Por favor (ahora sí te suplico), nunca, por ningún concepto trates de alejarla de mí.

Escribo esto con un nudo en la garganta, porque **no sé qué sería de mi vida si la pierdo**... Sólo de pensarlo me falta el aire y los ojos se me llenan de lágrimas traicioneras.

Te anticipo algo: no seré un suegro metiche nunca.

Sabré mantener mi distancia y hasta desaparecerme de su vista, pero siempre que **_en el secreto de mi corazón_** sepa que estamos emocionalmente cerca y podemos ayudarnos o encontrarnos en cualquier momento.

ERES MI SOCIO, MI AMIGO, MI HIJO.

No te voy a dar la espalda.

No lo hice antes, no lo haré después.

Cuentas conmigo. Al principio te ayudé por humanidad. Después lo hice por amor. Y es por amor al proyecto de vida que hoy comienza (y a mis posibles nietos), que te hablo así.

Estoy acabando con OTRA de las pesadillas que me han perseguido.

Un hombre joven, vestido de traje oscuro está de pie, en el altar, mirando hacia el pórtico de la iglesia.

Mucha gente ataviada con elegancia observa expectante. Algunos asoman sus cámaras para fotografiar el pasillo. Se escucha música solemne.

Camino con mi princesa; ella me toma del brazo.

Avanzo paso a paso, *para **entregarla***.

Lo hago con agrado, pues quiero que sea feliz.

Toda mi vida se ha centrado en ello. Ha sido mi misión más grande. Mi trabajo más importante. Mi privilegio más extraordinario.

Aunque el alma se me rompe, y el corazón se me desgaja, trato de pensar fríamente y entiendo que debo estar tranquilo. Porque voy a entregársela a alguien que también dará su vida por hacerla feliz... alguien en quien ella siempre soñó (desde cuando jugaba con los avioncitos aventando al vacío a una pareja de muñecos para que juntos iniciaran la aventura más extraordinaria).

Debo estar tranquilo sobre todo por una razón muy fuerte:

Porque al fondo del pasillo sonríe, le tiende la mano y la espera un **HOMBRE-HOMBRE**.